U0498570

书山有路勤为径，优质资源伴你行

注册世纪波学院会员，享精品图书增值服务

创新人才发展
系列丛书

开放式
创新
实践指南

激发组织效能
获得商业结果

[美] 亨利·切萨布鲁夫 著
（Henry Chesbrough）
陈劲 编译

电子工业出版社
Publishing House of Electronics Industry
北京·BEIJING

© Henry Chesbrough 2020

Open Innovation Results: Going Beyond the Hype and Getting Down to Business was originally published in English in 2020. This translation is published by arrangement with Oxford University Press. Publishing House of Electronics Industry Co., Ltd. is solely responsible for this translation from the original work and Oxford University Press shall have no liability for any errors, omissions or inaccuracies or ambiguities in such translation or for any losses caused by reliance thereon.

本书中文简体字版由Oxford Publishing Limited授权电子工业出版社独家出版发行。未经书面许可，不得以任何方式抄袭、复制或节录本书中的任何内容。

版权贸易合同登记号　图字：01-2021-6611

图书在版编目（CIP）数据

开放式创新实践指南：激发组织效能获得商业结果 /（美）亨利·切萨布鲁夫（Henry Chesbrough）著；陈劲编译. —北京：电子工业出版社，2023.2

书名原文：Open Innovation Results: Going Beyond the Hype and Getting Down to Business
ISBN 978-7-121-44758-7

Ⅰ . ①开… Ⅱ . ①亨… ②陈… Ⅲ . ①组织管理学 – 创新管理 Ⅳ . ① C936

中国版本图书馆 CIP 数据核字（2022）第 244738 号

责任编辑：袁桂春
印　　刷：北京捷迅佳彩印刷有限公司
装　　订：北京捷迅佳彩印刷有限公司
出版发行：电子工业出版社
　　　　　北京市海淀区万寿路173信箱　　邮编100036
开　　本：720×1000　1/16　　印张：16　　字数：206千字
版　　次：2023年2月第1版
印　　次：2025年6月第5次印刷
定　　价：78.00元

凡所购买电子工业出版社图书有缺损问题，请向购买书店调换。若书店售缺，请与本社发行部联系，联系及邮购电话：（010）88254888，88258888。

质量投诉请发邮件至zlts@phei.com.cn，盗版侵权举报请发邮件至dbqq@phei.com.cn。

本书咨询联系方式：（010）88254199，sjb@phei.com.cn。

序

关注创新人才，早日建成世界重要人才中心

科学技术是第一生产力，创新是引领发展的第一动力。大力推进科技创新势在必行。2020年11月，习近平总书记在浦东开发开放30周年庆祝大会上指出："科学技术从来没有像今天这样深刻影响着国家前途命运，从来没有像今天这样深刻影响着人民幸福安康。我国经济社会发展比过去任何时候都更加需要科学技术解决方案，更加需要增强创新这个第一动力。"

人才是实现民族振兴、赢得国际竞争主动的战略资源。2021年9月28日，习近平总书记在中央人才工作会议上强调："深入实施新时代人才强国战略，全方位培养、引进、用好人才，加快建设世界重要人才中心和创新高地，为2035年基本实现社会主义现代化提供人才支撑，为2050年全面建成社会主义现代化强国打好人才基础。"人才竞争是综合国力竞争的核心，创新驱动就是人才驱动，国家科技创新力的根本源泉在于人才，培养创新型人才是国家和民族长远发展的大计，要发挥人才在科技创新中的引领作用。

从经济增长理论来看，创新人才是一种特殊的经济要素，即其作为人力资本扮演重要的核心要素职能，又参与构建代表技术发展水平的指数级系数。可以说，创新人才是推动经济长期高质量发展的根本动力和

保障。一个国家、地区或城市的综合竞争力越来越依赖创新人才的数量和质量。

近年来，我国科技创新人才队伍不断壮大，科技人力资源总量和R&D人员总量远超世界诸国，并且人才总量增速较快，呈现迅猛上涨态势。我国科技人才创新能力和国际影响力明显提升，科技创新人才队伍建设取得了令人瞩目的成就，高被引科学家和顶尖科技人才数量大幅提升，对社会发展的支撑作用不断增强。

当前，科技自立自强已成为决定我国生存和发展的基础能力，国家科技创新的关键就是要加强科技人才队伍建设，2035年基本实现社会主义现代化以及2050年全面建成社会主义现代化强国的宏伟目标，都对科技创新人才队伍提出了更高、更紧迫的要求。尽管我国科技创新人才的发展环境不断优化，科技创新人才队伍持续健康发展，高层次科技人才数量逐年攀升，但战略科技人才、顶尖人才仍旧匮乏，高端领军人才、基础研究人才、高技能人才等"高精尖"人才缺口仍然巨大，创新科技人才质量和水平亟待提升，科技创新主力军整体实力不足，难以支撑高水平科技自立自强。根据科睿唯安公布的"高被引科学家"名单，美国在2021年拥有2622位高被引研究人员，接近全球总人数的40%，虽然我国于2019年赶超英国成为全球排名第二的高被引人才大国，但与美国的差距仍旧显著。从全球学者库发布的"全球顶尖前10万科学家排名"来看，美国的顶尖科学家在全球占比高达40.0%，中国占比为14.6%，中国高被引科学家和顶尖人才数量均是美国的1/3。

为进一步丰富我国创新人才发展的理论体系，为相关政府、企业把握创新人才成长、使用的规律，进而为加快培育和造就创新人才队伍、有效实施人才战略提供理论前沿与实践指南，为我国加快建设世界重要人才中心和创新高地提供坚实的决策支持，电子工业出版社组织策划了"创新人才发展系列丛书"，优选了海内外有关创新及创新人才培养的最新理论与工具著作，涉及成为创新人才必备的创新理论、创新思维、创新技能和创新文化等，目的是进一步提升广大科技人员、创客、发明者的创新意愿与创新能力，进一步完善各类组织中创新人才的成长环境，进一步促进创新人才的脱颖而出和绩效倍增。

相信本丛书的推出，对我国战略科学家、科技领军人才、青年科技人才、卓越工程师、创新团队的发展建设，进一步优化我国各类组织的人才效能、人才环境，为我国早日成为"世界重要人才中心和创新高地"做出必要的贡献。

陈　劲

清华大学经济管理学院教授

中国管理科学学会副会长

中国科学学与科技政策研究会副理事长

在众多的创新理论中，开放式创新无疑是理论构思巧妙、实践效果最佳的一种。

得益于其博士指导导师——加州大学伯克利分校哈斯商学院大卫·蒂斯教授的"从创新中获利"理论和麻省理工学院斯隆管理学院艾瑞克·冯·希伯尔教授的"用户创新"理论，亨利·切萨布鲁夫教授在2003年提出的开放式创新理论体系，既是一种崭新的创新战略，也是对企业创新组织体系形成巨大影响的创新理论与方法体系。

传统的、封闭式的、以自主研发为基本特征的创新行为，固然在形成自主知识产权方面有较大的优势，但面临着研发成本巨大、失败率高、对核心团队依赖性过强的不足，严重影响着企业创新的效率与效益。开放式创新活动一改封闭式研发的不足，积极吸收企业外部的各类创新资源，特别是将其他行业或领先用户已经试验过的创新解决方案直接用于对企业原来问题的解决，或者将企业内部无法商业化的产品或解决方案释放到企业外部，对企业价值的生成和传递具有重要作用，对于形成企业的动态能力，进行商业模式的创新，也有很好的作用。

在开放式创新理论诞生20周年之际，亨利·切萨布鲁夫更新了对"开放式创新"的认知，撰写了《开放式创新实践指南》一书，进一步强调开放式创新的重要性，指出开放式创新对创新成果的扩散并形成价值的重要性。开放式创新将开放科学的成果进一步推动落实。作者突出强化企业内部精益创业的重要性，呼吁对从内向外的开放式发展的重视。和哈佛商学院克里斯坦森教授的想法类似，亨利·切萨布鲁夫教授认为开放式创新也能有效助力城市建设和乡村振兴。

亨利·切萨布鲁夫高度重视开放式创新在中国的实践，为此，在书中对中国的高铁、汽车和半导体产业的开放式创新活动进行了分析。我和亨利·切萨布鲁夫在1998年相识于麻省理工学院，之后我于2006年左右较早在中国开始进行开放式创新的本土研究。我和我的研究团队先后对海正药业、海尔集团等企业的开放式创新进行了深入研究。海尔集团原董事局主席张瑞敏先生高度重视开放式创新，提出"世界是我的研发实验室"的独特观点，推动海尔集团在国内率先开展开放式创新平台HOPE建设，大大推动了海尔的组织转型。海尔的"人单合一"不仅仅是一类新的管理模式，也符合亨利·切萨布鲁夫提出的内部创业亦是开放式创新的认识，开放式创新对海尔成为全球一流的物联网生态品牌做出了贡献。

在我国进一步落实创新驱动发展战略的进程中，我们应进一步关注开放式创新的价值，认真思考它对组织创新战略、动态能力、员工管理、全球化运用的深刻影响，也要防止过度实施开放式创新带来的风险与挑战，以整合式创新的思维处理好自主创新与开放式创新的关系，为进一步发挥创新在经济高质量发展、孕育更多的世界一流企业方面做出新的努力。

陈　劲

2022年12月30日于清华园

前 言

　　距离2008年那场摧毁众多西方经济体的金融危机已十年有余。这场危机带来了许多影响，但对创新本身带来的影响并未得到过多关注。危机来袭时，大多数公司的创新预算大幅减少。随着经济复苏的缓慢进行，公司就是否将早期的创新支出恢复到危机前的水平提出了棘手的问题。

　　这些问题基本上围绕着从创新中获得的成效展开。可以肯定的是，我们中的许多人将创新视为"奢侈品"——经济繁荣时期，我们喜欢创新，但在经济不景气时，创新是首选的要削减的事项。这种态度不会带来商业上的成功。那些引起公众关注却未能实现新的收入和更多利润的创新活动并没有带来持续创新投资所需的结果。如果没有强有力的证据表明创新能够取得积极的商业成效，即便金融危机后市场正在好转，也很难证明在创新上投入额外资金是合理的。未来几年肯定会发生另一场危机，因此必须从创新或其他方面获得商业成效！

　　开放式创新需要类似的视角。金融危机来袭时，开放式创新的概念在大多数组织中刚刚被提及。虽然确实有个别公司取得实际商业成效的例子，但对许多组织来说，开放式创新的概念太过新颖，其优势尚未充分显现。（许多组织也有自身的学习曲线，因此对于开放式创新的首次尝试通常无法达到预期结果。）自金融危机以来，开放式创新变得更为普遍。在谷歌上以"开放式创新"为主题词进行快速检索，会看到6亿多个网页链接。这是自我的《开放式创新》一书在2003年面世以来的一个巨大增长。当时，在同样的搜索引擎上使用同样的主题词，大约会得到200个网页链接。在LinkedIn上，现在有上万个职位的标签是"开放式创新"，而在2003年时几乎没有。

这种增长大多数发生在金融危机之后。但危机可能已经影响了大多数组织实施开放式创新的方式。开放式创新早期是一个框架，通过引入更多的外部知识促进内部研发，从而加速并优化当前业务（及商业模式），同时推动内部研发"走出去"，应用于其他业务（及商业模式）中。然而，金融危机发生后，一些组织使用开放式创新的语言来减少或去除其内部研发，转而依赖外包。开放式创新的初衷并非减少创新投资，但在某些情况下，它确实被这样使用。这种方式可能会带来一些短期的改善，但可能导致组织的长期衰退。

我们需要的是重新认识开放式创新，以及如何利用开放式创新获得更好的商业成效。这正是我试图在本书中阐释的内容。本书始于许多西方经济体中存在的一个悖论：技术进步呈指数级增长，生产率增长却在放缓。我们将此视为指数悖论。我们通过介绍社会在三个关键维度上参与创新的必要性来讨论这个悖论：产生、传播与吸收。公司内部也存在类似的情况。许多公司没有投资和维持自身的创新基础设施，而这对于公司实现卓越的创新成功至关重要。在这方面，组织不仅必须产生创新，还必须跨越组织内部"筒仓"将其传播到内部业务部门，并将其吸收至这些业务的流程和商业模式中。

创新的这三个方面形成了贯穿全书的概念基础：

（1）创新的产生——组织发现及开发新产品、服务和流程。

（2）创新的传播——创新在更大的组织（或社会）中传播，从实验室到市场，从前端创新团队到后端业务部门。

（3）创新的吸收——从组织（或社会）中获取产生的、传播的创新并将其付诸实践，嵌入能够交付、扩展和维持创新的组织部门和商业模式中。

本书计划从总体创新开始，然后转向具体的开放式创新。在第一章中，我们研究了美国的指数悖论，并提供了许多其他西方主要经济体在这方面的证据。正如我们将看到的，指数悖论源于对产生关注过多，而对传播和吸收关注过少。在第二章中，我们将开放式创新视为一个新颖的过程。此时仅仅产生创新的可能性是不够的，需要同样注重在整个组织内传播创新，并将其吸收到组织的业务部门中。

在第三章中，我们将开放式创新置于情境之中，考察开放式科学和开放式创新在创造新知识并将这些知识推向市场方面的作用。开放式科学的规范在产生新知识方面发挥了重要作用，但不足以将这些知识推向市场。因此，开放式创新需要不同的规范。在第四章中，我们以开放式创新规范为基础，考察了创新组织试图将其创新过程的前端与接收创新过程输出的后端业务部门连接起来的实践。

在第五章中，我们着重研究了开放式创新中鲜有研究和实践的部分，即由内而外的分支。我们将精益创业实践视为一种新的有效方法，用于应用由内而外的思维，在从未使用或未充分利用的内部想法和技术中探索新业务和新商业模式。在第六章中，我们从由外而内和由内而外两个角度思考公司如何更有效地与初创企业展开合作。此处的问题是，与初创企业打交道的最佳方式是什么，尤其是当一家公司试图同时与多家初创企业打交道时。

在第七章中，我们探讨了开放式创新在智慧城市中的应用，并介绍了开放式创新的一个新背景——印度乡村。令人惊讶的是，开放式创新已经证实了其可以在农村环境中激发新经济活力，并通过市场机制将其成果推广到其他乡村。在第八章中，我们将回到发达经济体，讨论公司在通过开放式创新获得成效中的一些最佳实践。反过来，一些曾是开放式创新的早期典型公司现在正努力维持这些成效。一些失败的案例表明了实现开放式创新预期结果所需要的一些限制或边界条件。第九章总结了对中国近代开放式创新的思考。在中国共产党的领导下，中国选择了一条不同于西方经济体的道路，这具有深刻的创新内涵。本章着重论述了市场的决定作用与政府的指导作用之间的关系。我们再回到创新的产生、传播、吸收这三个方面，本章通过中国三个不同行业（高铁、汽车和半导体）加以论证。

当完成本书时，我料想到读者可以通过本书进行许多可能的阅读之旅。当然，我欢迎读者按顺序认真阅读（并吸收）每一章。但是，与忙碌的管理者、超负荷的学生，以及我的有时心不在焉的孩子相处的经验告诉我，为读者描绘一些更为简短的阅读之旅可能是明智的。

- 对于想要关注开放式创新近期进展的忙碌管理者来说，第二、第四、第五和第六章将提供最具"性价比"的内容。

- 对于那些对创新政策感兴趣的人来说，第一、第三、第七和第九章将描述开放式创新的大部分政策含义，其中，第七章考察了印度乡村，第九章探讨了现代中国。

- 对于那些和大多数商业管理者一样渴求时间的我的学术同行们来说，应重点关注第一、第三、第五、第七和第八章。

● 对于那些只想知道基本内容的"热搜者"来说，每章都提供了一些要点，总结了本章的观点，所以可以从阅读这些要点开始探索，然后决定是否要阅读全章。

本书展示了一系列新兴的开放式创新的想法。但是，要传播这些想法还有很多工作要做，如果想吸收和利用这些想法，就必须做更多的工作。我很幸运能够在加州大学伯克利分校每年教授几十名聪明的学生，并让他们将开放式创新带入职场。我还建立了伯克利创新论坛（Berkeley Innovation Forum），每年两次聚集40多家公司的高管进行面对面交流，分享管理创新（包括开放式创新）的实践和经验。在罗马的路易斯大学（LUISS University），有一个类似的活动叫作欧洲创新论坛（European Innovation Forum）。我们每年举办一次世界开放式创新大会，汇集开放式创新领域的一些最新研究成果，并邀请业界提出挑战。我们举办工作坊，将一些最活跃的研究人员与最熟练的开放式创新实践者汇聚一堂，展示并讨论这些挑战。在诸如《研究政策》《工业与企业变革》《加利福尼亚管理评论》《工业与创新》《长期规划》《产品创新管理杂志》《研发管理》《技术创新》等学术期刊上，经常有特刊来描述开放式创新领域的最新学术研究。我们也会提供更多的创新管理资源。Facebook和LinkedIn上甚至还有开放式创新小组。

但是，读者不可避免地要承担大部分的吸收工作。一旦你阅读此书，就请让我知道还需要做些什么才能让这些想法在你的组织中有效地实施。请通过电子邮箱与我联系：chesbrou@berkeley.edu。

目 录

指数悖论

第一章

我生活在硅谷，每天都被激动人心的新发展所包围。我们对于新技术和新思想的力量持非常乐观的态度，相信其可以帮助我们走向更美好的未来。（任何喜欢《星际迷航》电视剧和电影的人都会立刻承认这种态度。）

一个从硅谷得到的广泛观察结果是：所谓的"指数技术"正在引领我们走向富足的未来。无论是摩尔定律——集成电路板上所能容纳的元器件数目每18~24个月翻一番，还是梅特卡夫定律——网络的价值与联网的用户数的平方成正比，抑或是通过基因组数据测序促进人类健康的无数可能性（而且测序的成本随着时间呈指数级下降），都说明技术正在不断进步。这表明许多重要物品将在惊人的短时间内变得更廉价、性能更强大、应用更普及。[1]

这些技术进步直接影响我们的生活。如今的智能手机拥有20世纪80年代的超级计算机的能力，其价格等同于同时期一台电视机或录像机的价格。在世界任何地方，我们仅仅单击鼠标就能够访问网络上的信息。今天，通过更紧密、更快速、更廉价地将我们联系在一起，公司已经取得了巨大的成功。像基因测序这样的医疗技术已经广泛普及，我们现在也有能力用CRISPR这样的技术编辑基因序列。事实上，由于能够使用开源软件作为构建要素并将数据存放在云端，我们只须为所使用的东西付费，因此创建新业务的成本已经大幅下降。

在硅谷，随着越来越多令人兴奋的技术不断进入市场，你无法逃避这种指数级的可能性。我还可以继续说下去，但你肯定已经明白了。

然而，如果一个人离开硅谷，放眼更广阔的世界，令人不安的迹象很快就会出现，这表明在这个指数技术的世界里，一切都不顺利。图1.1展示了美国生产率的历史增长率。美国生产率增长非常缓慢，甚至在一段时间内出现下降。请注意美国在过去的30年中生产率的增长有多么缓慢。当然，并非只有美国的生产率增长缓慢，许多发达经济体中也存在这一现象，如图1.2所示，七个主要西方经济体的情况都是如此。

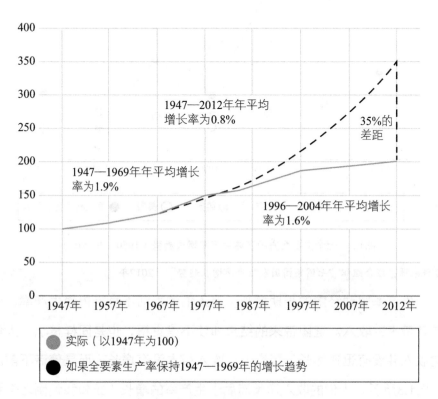

图1.1　美国生产率的历史增长率（1947—2012年）

资料来源：旧金山联邦储备银行收入与生产力研究中心

　　这就产生了一个谜团：如果所有这些神奇的技术都发展得如此迅速，那为什么我们会看到生产率增长如此缓慢？生产率增长的缓慢速度与你在指数世界中预期的相反。如果技术乐观主义者是正确的，那么生产率增长应该加速。相反，它不仅没有加速，实际上还正在减速。这令人担忧。我称之为指数悖论。然而，我在硅谷的科技爱好者朋友很少或根本没有注意到这一点。

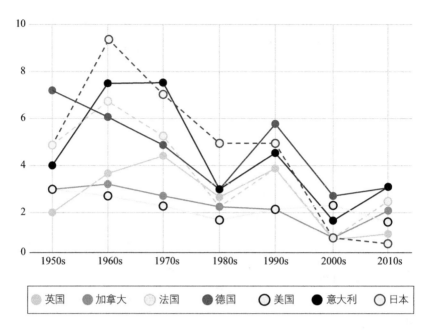

图1.2　七个主要西方经济体生产率增长趋势（1950—2015年）

资料来源：经合组织"七国集团国家生产率增长趋势"，2017年

生产率驱动经济的长期增长。但人们的生活不直接依赖生产率，而是其带来的收入。谜团带来的结果即使不是更糟，也是同样糟糕：人们的收入并没有迅速增长。事实上，收入根本没有增长，而是停滞不前。如图1.3所示，人们的收入增长滞后于生产率的增长（正如我们刚才看到的，生产率的增速正在放缓）。虽然这一过程涉及许多因素，但它与技术乐观主义者对人类富足未来的看法背道而驰。

事实上，这些令人不安的趋势造成的可悲结果之一是，大多数美国人预期他们孩子生活得将不如自己。[2]相比于前几代美国人，这是一个巨大的变化。

美国梦部分建立在规划自己命运的机会，以及孩子可能会过上比你更好的生活的安慰之上。但如图1.4所示，事实恰恰相反。1960年或之前出生的婴儿潮一代在其一生中见证了经济以每年超过2.5%的复合增长率增长。然而，后来几代人目睹了经济增长率在其生活的时期里稳步下降，最近几代人面临的经济增长率仅为1.6%。很难从这些数据中看出技术的好处。

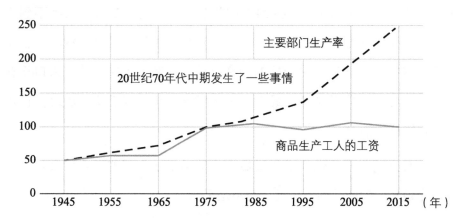

图1.3　生产率和平均工资增长趋势，以1975年为基准（1945—2015年）

资料来源：劳工统计局，"理解劳动生产率和薪酬差距"，2017年6月，第6卷

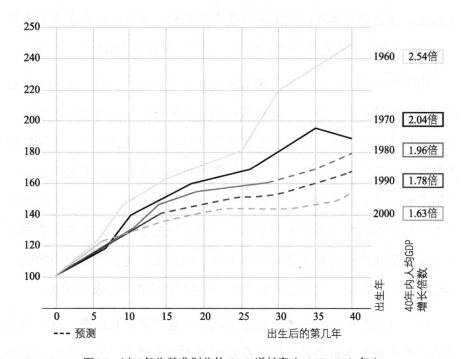

图1.4　以10年为基准划分的 GDP 增长率（1960—2000年）

资料来源：美国经济分析局，麦肯锡全球研究所报告，"比父母更穷？收入不平等的新视

在欧洲，虽然各国的情况不尽相同，但模式非常相似。自2008—2009年经济危机以来，西班牙和意大利等国的青年失业率一直居高不下。经济危机近10年后，18~24岁的年轻人中有超过20%的人找不到工作，而且有相当数量的人正在试图前往其他国家改善其经济状况。在类似德国这样经济状况相对较好的国家，还存在其他问题。德国人口正在迅速老龄化。这降低了德国经济的需求增长，也使经济增长放缓。日本也存在同样的情况。

这与人们基于指数技术和富足未来的承诺所期望的完全相反。人均收入应该从一代增长到下一代，而不是下降。

人均收入的下降是有一定条件的。在中国和印度这样的国家，人均收入正在飞速增长。在过去30年里，数亿人摆脱了贫困，这是人类的巨大成就，也说明人类共同的未来确实充满希望。因此，世界收入仍在增长。但一些地区正在迎头赶上，而另一些地区则放缓了脚步。

中国和印度人均收入的快速增长也面临着挑战。其中，最突出的是所谓的"中等收入陷阱"，即发展中经济体增长到一定程度，人均收入达到世界中等水平后，经济出现停滞的一种状态。这是因为一个国家的人均收入一旦达到世界中等水平，就更难增加收入。在中等收入水平，工资已经上升到制造业不再以廉价工资为基础的水平，但生产世界级水平的产品所需的技能和技术（从而支持高工资就业）尚未发展。中国过去几十年的独生子女政策意味着中国很可能未富先老。印度有更多的人口红利，但也面临着巨大的社会挑战（而且基础设施远不及中国）。

这就是指数悖论。技术在加速发展，而生产率增长缓慢，收入停滞不前。有些地方不对劲儿。这正是我撰写本书的动机。请允许我在思考有关这个悖论的一些可能解释之前先分享一下我的观点，这样你就会知道我所要表达的：问题的根源在于我们如何对创新进行管理和投资，无论是在组织内部还是在整个社会中。我们必须超越新技术的创造，包括其广泛传播和深度吸收，从而依赖新技术获得繁荣发展。

这对组织内部有影响，对组织运作其中的更大的社会也有影响。大多数公司都将创新视为奢侈品；在经济繁荣时期，每个人都喜欢它，并想要更多，但在经济困难时期，创新往往是第一个被削减的事项。我们用科技进步带来的"闪亮的新事物"分散自己的注意力。创新过程的前端通常与将新技术商业化的业务无关。

类似的事情还发生在更大的社会中。我们庆祝埃隆·马斯克（Elon Musk）、杰夫·贝佐斯（Jeff Bezos）或马云所取得的成就，但很少关注这些进步后续在社会中的传播和利用。仅以当下的两个热门话题为例，有多少组织真正利用了人工智能或数据科学？截至撰写本书时，答案是"很少"。因此，单个公司通过使用这些新功能而蓬勃发展，但迄今为止，它们的总体社会影响很小。我们只有把注意力重新集中在创新中真正重要的事情上（而不是简单地开始另一项创新，然后愉快地忽略之后发生的事情），才能识别出指数技术的潜力。这要求我们重新思考创新，无论是在组织内部还是在整个社会。

现在你已经知道我们的方向了，让我们思考一下有关这个指数悖论的其他解释。一些有思想的技术乐观主义者已经注意到这些令人不安的迹象，即可能并不会如我们预期那样出现富足的未来。对于这一明显的悖论，他们给出了一个充满希望的解释：我们的新技术正在以经济学家难以衡量的方式影响生活。根据这种解释，指数收益真实存在，只是尚未体现在我们的经济数据中。

我们以智能手机为例进行阐释。智能手机中包含的各种技术过去都是独立的设备：电话、计算机、游戏机、CD播放器、相机、录像机和播放设备、手表、日历、计算器……这还没有考虑智能手机上数以百万计可供下载和使用的应用程序的价值。如果你把这些不同设备的成本加起来，很容易就会超过1万美元。然而，100美元就能买到好的智能手机，即使最先进的智能手机价格也只是500~1000美元。

衡量经济活动时，价值超过1万美元的电子产品最终缩减为一个只有几百美元的设备，这代表着经济产出的显著下降。但事实上智能手机极大地提高了我们的工作效率，因为我们把所有这些功能都集成在只有我们手掌大小的智能手机上。因此，在这种情况下，经济指标未能充分体现智能手机众多创新带来的好处。

技术乐观主义者利用这一推理来说服自己指数悖论不过是衡量的问题。一旦我们从令人叹服的技术投入中找到更好的衡量经济结果的方法，这个悖论就会消失，所有这些指数技术的真正价值就会变得显而易见。

西北大学的罗伯特·戈登（Robert Gordon）等其他观察家并不认同此逻辑。戈登研究了自第一次和第二次工业革命以来的各种创新。[3]他认为，两次工业革命用大量节省劳动力的设备取代了人类劳动，从而真正改变了人类活动（和生产力）。这导致除最富有的家庭外，中低阶层家庭的生活方式也发生了巨大变化。人们的寿命大大延长，营养水平大大提高（人们的平均身高也有所增长），各行各业的人在教育上花费更多的时间，在大多数社会童工已成为历史，等等。

相比之下，戈登认为，所谓的第三次计算机工业革命并没有带来任何与第一次和第二次工业革命的早期创新相媲美的好处。在他看来，即时处理数据、与世界各地的人交流、单击一下鼠标就能在任何地方获取信息的能力都将改善和便利我们的生活，但它们并不能使我们像早期的技术突破那样摆脱苦差事，也不能使我们像早期那样实现节省劳动力的改进。它们也不能改善我们的健康或增加我们的身高。

戈登的工作提醒我们，从技术中获得任何实际利益之前，需要广泛传播技术。只有当社会上所有或至少大多数家庭都能使用节省劳动力的设备时，才能节省劳动力。只有当社会上所有或大多数人都能获得安全的食物和充分的医疗保健时，人们的营养水平和寿命才会改善。

经济合作与发展组织（Organization for Economic Cooperation and Development，OECD）最近提出了另一种解释，即考察"最好的与其他的"。[4] OECD发现，2001—2013年制造业和服务业中"最好的"公司的生产率继续以历史水平增长；然而，"其他的"公司则远远落在后面。这表明戈登的分析针对一般公司而言是正确的，但"最好的"公司延续了过去的增长趋势。因此，当今"最好的"公司实际上一直在通过最新的创新节省大量成本。然而，大多数其他公司还没有采用这些技术，因此没有从中获益。

OECD的分析告诉我们，我们必须吸收这些技术并发挥其作用，这样技术的影响才会在经济统计数据中体现。如此一来，问题变成了我们其他人如何能从最好的人那里学到更多，从而帮助每个人更快地提高自己的生产力。问题的根源在于我们的创新可能没有影响到足够多的公司来挖掘其拥有的潜力。例如，麦肯锡（McKinsey）最近对公司进行的一项调查显示，只有47%的受访公司在使用人工智能（Artificial Intelligence，AI）技术（即便是试点规模）。接受调查的公司中只有21%在公司的多个部门使用AI技术。[5]

这种差距在印度更为明显。一方面，印度政府采用了最新的区块链技术，以改善所有公民获得公共服务的途径。另一方面，印度有3000多万个家庭没有通电，同样数量的家庭没有清洁用水。这清晰地呈现了"最好的"与"其他的"之间的差距，而区块链技术带来的生产力效益需要很长时间才能惠及其他的3000万个家庭。

这激发了图1.5中的三个顶点。新技术的发明启动了提高生产率的进程。然而，就其本身而言，只有一小部分社会成员可能从中受益。广泛传播是图1.5中的第二个顶点，社会上有很多人或者大部分人可以接触到这些技术，这有助于进一步扩大其影响。但只有发展到最终顶点时才会出现真正回报，即当社会上的很多人或大部分人将这些知识运用到自身组织中去。

图1.5　创新的三个方面

我们以前也遇到过这种情况：IT 悖论

观察力敏锐的读者可能会注意到，不久前我们进行过类似的辩论。20世纪90年代初曾出现的"IT悖论"（IT Paradox）与近期我们提到的

"指数悖论"如出一辙。当时，正如罗伯特·索洛（Robert Solow）的著名论断所言，"除了统计数据，我们随处可见计算机"。言下之意是，人们很容易看到公司和政府在计算机方面投入了数十亿美元，但当时的经济统计数据显示这些投资几乎没有产生任何收益——要么是计算机所带来的好处被夸大其词了，要么是出于一些原因我们并没有在数据中有效记录其影响。[6]

虽然很多学者都在研究这些问题，但在我看来，麻省理工学院学者埃里克·布里诺夫森（Eric Brynolffson）的研究成果最为见解深刻。在一系列的论文中[7]，他详细阐明了索洛指出的IT悖论。冒着将所有工作过度简单化的风险，他得出了以下结论：

（1）经济指标错误地衡量了IT投资的影响。

（2）仅在IT方面投资的公司几乎没有得到任何好处（可见上述衡量的偏差并不大）。

（3）正是那些开发了由IT投资支持的新的、优化的业务流程的公司从投资中获得了巨大收益。经济指标并不能持续而准确地反映这些新的流程，而这正是衡量问题最严重的地方。

正如布里诺夫森的成果表明，为从其IT投资中获益，公司必须改变其流程。只有通过这样的操作，公司才能从IT技术的大量投资中获益。请注意，这个观点与图1.5中的三个顶点相匹配。公司必须了解这些技术，并为在自己的组织中应用技术而投资，从而支持新的业务流程，以获得投资的经济效益。在近期发表的一篇文章中，蒂姆·奥雷利（Tim O'Reilly）进一步深化了这种观点：新技术可以让公司开展新业务，而不仅仅是改进既有业务。[8]

这项工作的逻辑含义是，如果不改变业务流程并再次尝试新事物，我们就无法解决指数悖论。只有当开发出能够产生、传播和充分利用指数技术的业务流程时，我们才能提高生产率增长率和收入水平。本着OECD对最好的公司与其他的公司进行比较研究的精神，我们需要推动流程改进以惠及普通公司，而不仅仅是最好的1%或2%的公司。

改变创新的业务流程：开放式创新

如果我们想要实现指数技术的经济效益和社会潜力，创新流程是必须改变的最重要的业务流程之一。我将在第二章就这个话题展开深入的讨论，所以在这里我们只讨论几个关键点。

传统上，大多数创新的业务流程是封闭式的。公司常常把创新投入局限于自己的内部研究实验室，拒绝与所有权和控制权不属于自己的外部知识资源合作。同样，公司开始的项目比完成的项目要多，导致许多项目搁浅在无法推进也无法转移的尴尬处境。这无疑会破坏生产力。

若想改变，则需开放。由外而内的流程是将更多外部知识融入内部组织不可或缺的条件。由外而内的流程包括许多机制：从技术探索到众包、与大学合作、内部许可、与初创企业合作，不一而足。为释放搁浅的内部技术，公司可以考虑另一种开放形式：由内而外的流程。比较普遍的做法包括外部许可、联合开发协议、分拆、内部创业，以及在大公司内部发掘新商业模式的精益创业方法等。

然而，这种转变是非常不完整的。与许多研发项目一样，许多开放式创新流程实验面临着有始无终的命运。很多时候，我们会考核创新流程实验（如众包）的结果，却没有跟踪这些结果直至获得实际的商业成果。正如我们将在后面的章节中研究的那样，就创新流程而言，我们对前端的了解远远超过对后端的认识。而该流程的后端恰恰是公司完成将创新转移到业务后进行商业化和规模化的节点。

开放式创新流程的价值

在创新流程中做出这种改变是值得的，因为越来越多的证据表明这可以提高业务绩效。个别公司的开放式创新的经验为此提供了证据。日用消费品公司通用磨坊（General Mills）的研究人员在12个月内分析了不同公司60种新产品的推出情况。他们发现，那些拥有实质性开放式创新成分的公司的销量比那些没有开放式创新成分的公司高出100%。[9]宝洁（Procter & Gamble）声称，应用开放式创新使其收入增加了数十亿美元。在工业领域，最近一项对欧洲大型制造商489个项目的研究表明，涉及开放式创新合作的项目比不涉及的项目获得了更好的财务回报。[10]开放式创新也缩短了许多项目的上市时间。

其他证据来自对某一行业或整个经济体进行的大规模调查。许多采用区域创新调查（Community Innovation Survey）的研究发现，在控制其他因素不变的情况下，拥有更多外部知识来源的组织比拥有较少外部知识来源的组织获得了更好的创新绩效。[11]最近对125家大公司的一项调查也发现，采用开放式创新的公司获得了更好的创新结果。[12]我们将在第二章对开放式创新（作为一种业务流程的概念）进行更详细的讲解。在本章的剩余部分，我们将讨论社会必须进行的一些投资，以支持开放式创新的有效性。

支持开放式创新：社会对创新基础设施的需求

虽然开放式创新至少在少数"最好的"公司取得了巨大成功，但为维持这种成功并推动社会中大多数公司开展流程优化，公共投资必不可少。如此一来，开放的创新流程所能带来的好处才会得以彰显。为支持公司和组织在内部实施更加开放的创新流程，我们需要在社会中创建创新基础设施，并对图1.5所示的创新基础设施的所有三个领域进行投资。我们需要配备产生有用创新的基础设施，从基础研究开始，然后将这些结果扩展到市场；需要超越早期封闭式创新流程的范围，在整个社会广泛传播这些创新；需要实现客户、用户、合作伙伴和公民对创新知识的吸收。只有这样，我们才能为已经开始的创新项目收尾；只有这样，社会才能受益于指数级增长的潜在好处；只有这样，"其他的"公司才能赶上"最好的"公司。

这听起来并不难做到。但这样做实际上需要我们扭转过去40年来出现的一些重大负面社会趋势。这些趋势逆转了第二次世界大战后出现的一些相当积极的事态发展。因此，我们需要重新审视这些积极的发展，然后追溯它们是如何被逆转的，并总结如何让它们回到正轨。在某种程度上，我们需要走向未来。

回顾 20 世纪 40 年代至 70 年代的生产率增长

如果我们把指数悖论背后的问题反过来呢？与其问为什么生产率增长在近几十年放缓，不如问一个相反的问题：为什么生产率增长在20世纪40年代到70年代如此之高？是不是社会上的某些事情不再持续？[13]

这是一条富有成效的探索之路，因为它将人们的注意力从持续不断的、令人兴奋的新技术中转移开来，并引向利用新技术的更大社会。布里诺夫森的研究表明，IT技术的使用方式对其经济效益至关重要。

20世纪40年代确实是动荡的10年，这10年从世界陷入第二次世界大战的混乱和破坏开始。第二次世界大战产生了许多深远的影响，但其中一个直接刺激生产率增长的是各国为赢得战争而广泛发展科学技术。这一发展带来了若干技术突破，从德国的火箭和弹道能力（如V2火箭）到雷达和声呐的进步、密码学、核武器的制造。虽然这些科学技术并没有直接提高工业生产率，但发展科学技术所需要的许多支撑技术，如计算技术、通信技术、材料技术等都对第二次世界大战后的工业生产了起到了强大的推动作用。

第二次世界大战后的政策创新对生产率增长也很重要。战争期间，美国总统罗斯福的科学顾问范尼瓦尔·布什（Vannevar Bush）就如何在和平时期扩大公共科学的益处起草了一份有远见的文件，名为"科学：无尽的前沿"，[14]并提出了联邦政府继续参与资助和支持科学、造福社会的理由。如果政府继续支持基础科学研究的话，会为未来持续的经济增长打好基础，从而始终走在科学的前沿。盘尼西林和脊髓灰质炎疫苗的问世就是这一应用的具体实例。

该想法得到了美国政府强有力的支持，美国国家科学基金会（National Science Foundation）和美国国立卫生研究院（National Institutes of Health）因此而成立。美国国防部为军事应用科学研究提供了强大的持续支持，其国防高级研究计划局（Defense Advanced Research Projects Agency）再次获得了政府的支持和大量的资金。

所有这些资金对生产率增长都很重要，但同样重要的是这些资金的使用方式。美国政府本可以将所有资金用于建立自己的政府实验室。在核武器方面，政府也确实是这么做的，但它仍将承包管理国家武器实验室的任务格外谨慎地交给了外部单位，如加州大学（劳伦斯利弗莫尔国家实验室和劳伦斯伯克利实验室）或主要的政府承包商（桑迪亚实验室）。这意味着，与政府管理、政府所有、政府人员配备、政府运营的实验室系统相比，国家武器实验室与外部世界的联系更紧密，其知识的流入和流出也更为顺畅。

除核武器外，科学资助体系的分布更为广泛，包括美国国家科学基金会、美国国立卫生研究院、美国国防高级研究计划局等的研究资助机构与全国各地的大学和研究机构建立了持续关系。即使在战时，许多研究和发展都是在私营公司的实验室和工厂中进行的，结果便是有意义的工业知识得以被创造并被转用于该行业的各个方面。如果战时技术的研究和发展被限制在政府设施内，战后将面临着将这些知识转化为工业用途的严峻问题。

20世纪40年代美国的另一项重大进展是1944年的《军人调整法案》（*The Servicemen's Readjustment Act of 1944*），也就是众所周知的《退伍军人权利法案》（GI Bill）。这项法案为退伍军人提供资金以帮助他们融入社会（这与第一次世界大战退伍军人所经历的许多问题形成了鲜明对比）。对于生产力来说，重要的是《退伍军人权利法案》支持为退伍军人的继续教育提供资金，大规模刺激经济体中的高等教育部门，并使美国工人掌握更多的知识和技能。这使美国工人更有能力使用新技术，提高他们对提高生产力投资的"吸收能力"。美国在第二次世界大战后也鼓励轴心国的顶尖科学家移民美国。

20世纪50年代，政府支持的投资继续激增，促进了生产率增长。

冷战浮现于第二次世界大战的灰烬之中，并因这个阶段初期的朝鲜战争而加剧。为建立陆基导弹从一个地点转移到另一个地点的网络，美国艾森豪威尔总统启动了国家高速公路系统。这个巨大的基础设施项目极大地提高了州际公路的质量，直接助力汽车工业，并通过改善运输和物流，帮助了不计其数的其他企业。

然而，这一时期的美国有一个强劲的经济和军事对手。1957年，苏联发射人造卫星的举动使美国人大为震惊，也促使美国发射了自己的卫星。美国政府进一步大幅增加对研究、科学和技术的资助，并很快加强了对社会科学的资助。再一次，这种反应并非仅仅集中于少数行业或地区，而是覆盖了整个社会范围。

这种对研究、科学和技术的强有力支持一直持续到20世纪60年代。阿波罗登月计划成为美国的首要任务，在此之前还有为登月计划奠定基础的水星计划和双子座计划。约翰逊时代的"大社会"计划极大地提升了社会保障，显著减少了农村人口和老年贫困人口。与此同时，越南战争持续升温，规模迅速扩大，以致很快就出现了"枪炮和黄油"的冲突。解决这些冲突的代价则是美国自第二次世界大战以来的首次大规模联邦预算赤字，如图1.6所示。

理查德·尼克松政府带领美国进入了20世纪70年代。尽管是共和党执政，但政府仍继续保持了对研究、科学和技术的大规模资助政策，约翰逊时代开始的加强社会保障体系的政策也在继续。事实上，尼克松还成立了环境保护局，并开始资助该领域的新研究。

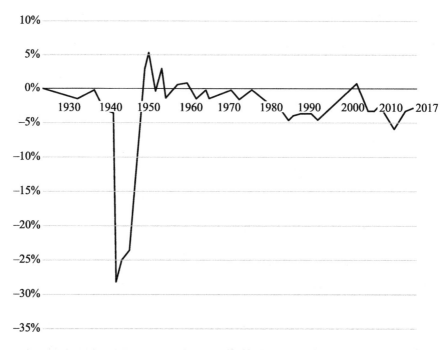

图1.6　联邦预算赤字或盈余占美国GDP的百分比（1930—2017年）

资料来源：美国公共管理和预算办公室

重新审视这个悖论

　　若将问题转到指数悖论上，我们就更容易理解为什么20世纪40年代至70年代的生产率增长如此之高。回顾这40年，请注意，以上提到的各项政策和措施都提高了工业生产率！美国联邦政府对研究、科学和技术的资助的大幅提升加速了知识的生产。近年来，高校的成长以及企业内部研发活动的分布模式极大地提升了知识传播的速度和广度。《退伍军人权利法案》及受其影响的其他措施对提升美国教育水平提供了大力支持，极大地提高了美国劳动力掌握新技术并将其投入工作的能力。

　　然而，从20世纪80年代开始，这些曾对工业生产率做出巨大贡献的政策戛然而止。虽然政府继续为研究、科学和技术提供经费，但经费在经济中所占的百分比并没有达到这些活动此前所得到的资助水平（见图1.7）。

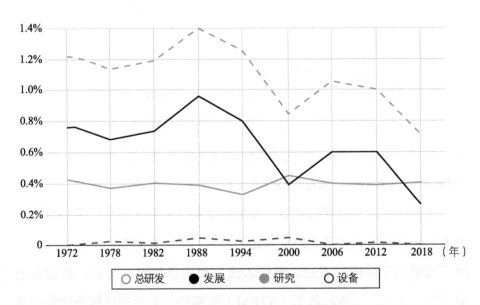

图1.7　政府研发支出占美国GDP的百分比（1976—2018年）

资料来源：美国科学促进会，《联邦研发的历史趋势》，2018年4月

　　虽然社会享受了上一阶段改善基础设施带来的好处，但进一步优化基础设施的资金开始缩减。40年已经过去了，如今事态已经恶化到资金和基础设施建设成为党派政治问题的地步（早期并非如此）。受益于《退伍军人权利法案》的大学从州政府和联邦政府获得的支持同样开始减少。这导致学费长期且急剧上涨，如图1.8所示。州办四年制公立大学的学费加食宿费已从20世纪60年代的免费到了10万美元有余。私立大学的学费加食宿费通常是这个数字的两倍多，这极大地削弱了大多数人接受大学教育的权利，或者迫使其在刚进入工作时就背上沉重的债务负担。

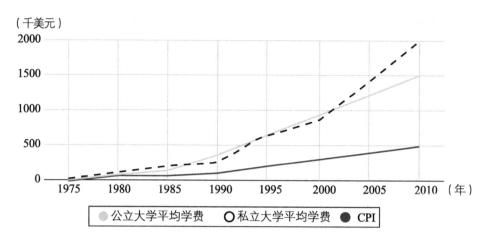

图1.8　相对于通货膨胀的大学学费成本（1975—2010年）

资料来源：美国教育部，"权衡大学决策的成本和价值"，2013年

与此同时，其他事态发展严重影响了整个社会工业生产率的提高。美国的初等和中等教育正处于真正的危机之中，教育支出的增加与课堂学习成绩的下降同时发生。苏联人造卫星史普尼克发射后，美国政府对科学、技术、工程和数学（STEM）教育的大力支持已被资助和支持STEM的危机取代，特别是考虑到低收入学校的学生往往缺乏基本的科学设备，或者不鼓励女学生从事STEM领域的职业。

从本质上说，美国一直在依靠80多年前开始的战后创新基础设施的成果生活。过去40年里，美国没有保持对基础设施的投资，生产率数据反映了缺乏投资的后果。"最好的"公司仍在蓬勃发展，但"其他的"公司（提供大部分就业机会，并能体现整体生产率水平的公司）的发展严重滞后。

创新基础设施的三个方面：产生、传播和吸收

这为理解指数技术及其对社会的影响提供了不同的背景。这些技术不会在真空中创造价值。相反，我们必须创造知识，必须在整个社会

中广泛分享，并且让社会中的绝大多数劳动力能够吸收并应用这些新发展。早期实现这一切的强大的社会和政府支持已在过去40年中的某个时刻瓦解。

围绕这些指数技术的更大社会的创新性基础设施并没有跟上其发展步伐。如果说有什么变化的话，那就是创新基础设施非但没有进步反而恶化了。

批判者可能会发现，尽管我发表了上述评论，但政府支出仍保持在高水平。依据历史标准衡量，政府支出确实仍然很高。但这类支出的性质已从知识产生、传播和吸收投资急剧转向社会保障支出。（在图1.7中，我们已经看到政府发支出在GDP中所占比例的下降。）我们有充分的理由建立并维持社会安全网，但这不能以牺牲对社会创新基础设施中（可见和不可见要素）的公共投资为代价。相反，目前创新基础设施投资的减少导致了生产率增长的放缓和工资增长的停滞，这降低了公司支持进一步投资创新基础设施的能力和意愿。

投资于社会的创新基础设施

在20世纪中期，大量公共资金投资于各种基础设施。其中，一些有助于新知识的产生，如美国国家科学基金会和美国国立卫生研究院的成立，以及它们向迅速发展的大学提供的资金。其他投资有助于传播有价值的知识。大学在这里扮演着重要角色，因为它们通过出版物、会议、教学促进知识的快速传播。更重要的是，每年的毕业生会将他们所获得的知识带到社会上。同时，互联网极大地提高了人们通过各种方式和渠道实时交流的能力。

创造有用的知识固然重要，但同样重要的是，确保这些知识在社会上广泛传播。国家高速公路出于经济目的开辟出新的地理区域，有助于传播有用的知识。在某种程度上，20世纪下半叶，空调在美国南部也发挥了类似的作用（尽管这本身不是一项公共投资，但它极大地利用了20世纪上半叶的农村电气化基础设施，而后者是一项公共投资）。

还有一些无形因素支持知识的传播。一个重要的因素是养老金变得可转移，这样工人就不会在整个工作生涯中受雇于单一的雇主。可转移式养老金使他们能够把有用的知识带到其他更有吸引力的工作中。另一个不可见的因素是破产法变得相对宽松，允许企业家将属于企业的责任留在企业而非自己承担，同时另辟蹊径开办新企业。

另一支持知识大力传播的力量是风险投资部门的增加。虽然风险资本并不直接投资于基础知识的创造，但它大大激励了社会运用有用的知识以解决重要经济问题。这鼓励了必要的实验和冒险，从而发现并扩大科学研究的商业产出。

促进有用知识广泛传播的另一力量是反垄断政策。反垄断的常见理由是打破市场垄断、降低价格，以使消费者受益，但另一个重大好处是对有用的知识的传播。20世纪50年代，强制美国电话电报公司（AT&T）授权其专利的决定有力地帮助了新兴的电子行业。数百家初创企业竞相在数千种用途中部署晶体管，而不是通过贝尔系统缓慢传播基于晶体管的技术。20世纪60年代末起诉IBM的决定有效地将软硬件分开，促使独立的软件产业得以出现。IBM选择引入新硬件系统，在几年时间里逐步升级新的软件，构建起完整的创业行业，创业者纷纷开发程序、游戏、操作系统，最终开发智能手机应用程序。20世纪80年代针对AT&T的反垄断行动最终打破了AT&T的长期垄断，为一个更有活力的通信行业打下了基础：从网络到手机，到今天的数字多媒体和娱乐行业。

创造和传播有用的知识是恢复社会生产率增长的必要条件。但要恢复这种增长，最后一项是对人类社会的投资，使人们能够吸收、应用和转化这些有用的知识。如果没有这最后一项，产生和共享技术的好处可能会远离创造技术的区域。

小学和中学无法培养出社会所需的STEM领域的学生。这既是数量问题，也是质量问题。在数量上，我们培养的科学技术学生比我们的社会需要的要少数十万人。在质量上，美国教育系统培养的学生在数学和科学知识方面的排名远低于来自STEM顶尖国家的学生的排名。这导致空缺工作与当地居民从事这些工作的能力不匹配。

美国录取了来自世界各地的大量硕士生和博士生，尤其是在STEM领域。这些外国学生中的许多人会继续在美国创造新的公司和新的就业机会。然而，美国本土的科学家和工程师供不应求。越来越多的外国STEM毕业生回国，而不是在美国开始新的工作和生活。美国的STEM问题意味着，作为一个社会，美国很难将产生的新知识转化为本国公民的新工作。相反，这些工作是通过广泛的全球供应链在其他国家完成的，而美国公民往往沦为这些知识产品的消费者。

我们需要进行投资，使社会能够充分吸收指数技术提供给我们的令人兴奋的新可能性。我们需要教育系统中的社会技术促使更多的公民成为精通数字技术的科学家、工程师、企业高管、工人和企业家。

共享价值可以帮助社会吸收创新

企业可能会认为逆转过去30年创新基础设施投资不足的趋势的机会甚微，但它们其实可以在不必逆转这些趋势的情况下取得进步。企业本身可以帮助我们的社会向前发展，并在这个过程中增加自身的成长机会。这是迈克尔·波特（Michael Porter）和马克·克莱默（Mark Kramer）提出的"共享价值"概念的核心思想。共享价值牢固地根植于资本主义制度，但长期、充满活力、可持续的资本主义要求企业的眼界超越短期底线。正如作者解释的那样：

　　共享价值的概念……认识到社会需求……定义市场。社会危害往往给企业造成内部成本……满足社会需求并不一定会增加企业的成本，因为企业可以通过使用新技术、运营方法和管理方法进行创新，从而提高生产率并扩大市场。[15]

　　这个思路的一个典型案例是雀巢的咖啡业务。在传统做法中，许多咖啡种植者经营的小农场长期受到众多限制，包括低生产率、低质量和环境退化。雀巢依据价格和可用性进行采购，而种植者间的竞价消耗掉了大部分盈余，种植者则陷入了一个艰难维持生计的循环。这种情形是如何改变的？波特和克莱默指出，"为解决这些问题，雀巢重新设计了采购方案。与种植者合作，提供关于农业实践的建议，担保银行贷款，并帮助获得植物种子、杀虫剂和化肥等投入。雀巢还开始在购买时考察咖啡的质量，这一变化使得雀巢可以直接向种植者支付质量溢价。结果是咖啡的产量和质量都得到提高，种植者的收入也有所增加"。这些做法的推广提高了咖啡的质量和种植者的收入，同时减少了咖啡农场对环境的负面影响。与此同时，雀巢高品质咖啡的可靠供应量大幅增长。

　　指数技术要想发展，需要社会提供支持性的创新基础设施，以及社会企业接受共享价值。我们在这方面做得远远不够。仅仅产生创新是不够的，社会还必须确保这些创新的广泛传播并加强对这些创新的吸收。波特和克莱默建议，为了发展和维持自身业务，企业应逐渐改善这种不足。

开放式创新是从社会知识中获取更多价值的重要新创新过程之一。在第二章中，我将讨论如何管理开放式创新，以获得更好的业务结果并提高生产率。

第一章要点

1. 指数悖论指的是，指数技术飞速发展，生产率增长却在放缓。

2. 为了促进生产率增长，创新必须在全社会产生、传播和吸收。这构成了创新基础设施的三个方面。

3. "最好的"公司与"其他的"公司之间的差距越来越大。这意味着"其他的"公司没有有效地吸收创新，降低了生产率。

4. 社会需要知识基础设施投资来维持生产率的长期增长，并帮助"其他的"人和组织跟上最佳水平。在20世纪40年代至70年代，我们曾经做得很好。现在我们需要投资于新的知识基础设施来解决指数悖论。

5. 为了在创新基础设施投资不足的环境中保持增长，企业需要采取共享价值的方式。

21世纪的开放式创新

第二章

如果想缩小指数技术的前景与我们所看到的滞后经济结果之间的差距，创新过程就需要改变。不远的过去，创新主要是内部事务——从实验室到市场的过程，主要发生在公司内部。贝尔实验室、IBM Research 和 Xerox PARC都创造了重要的技术突破，而且每项突破都通过公司自己的业务实现了商业化。

然而，近年来，这种"自己动手"的方法越来越难以维持。公司在市场上取得成功所需的众多流程中的每一个都需要花费大量资金。当世界变化越来越快时，完成这些过程需要很长时间，并且所有风险都完全由公司或个人来承担。这种成本、时间和风险的不利组合导致许多组织重新考虑它们的创新方法。有一种方法可以替代上述方法，这种方法可以提供更低的内部成本、更快的上市时间和分担风险的更好组合。这种方法就是开放式创新。

开放式创新是一种新兴现象。在 2003 年时，如果在谷歌上搜索这个词语，你不会找到任何有用的回复。然而今天，谷歌搜索将返回数亿条回复。最近对北美洲和欧洲的大公司进行的两项调查发现，其中 78% 的公司至少在实践这一过程的某些要素。[1]开放式创新在短短十多年里从不曾存在到几乎无处不在。

开放式创新基于一个基本理念：有用的知识现在已在整个社会中广泛传播。没有一个组织可以垄断伟大的想法，每个组织——无论内部多么有效——都需要与外部知识网络和社区进行深入而广泛的接触。开展开放式创新的组织将利用外部想法和技术作为其自身业务中的常见做法（由外而内的内向型开放式创新），并允许将未使用的内部想法和技术向外供其他人在各自的业务中使用（由内而外的外向型开放式创新）。

有什么证据表明开放式创新确实有效？让我们回顾一下第一章中提

供的一些证据。许多公司，如宝洁公司，自豪地宣布它们自创的开放式创新项目"联发"（Connect and Develop）取得了成功。[2]另一家消费品公司通用磨坊（General Mills）在12个月内分析了不同公司60种新产品的推出情况。研究人员发现，那些拥有实质性开放式创新成分的公司的销量比那些没有开放式创新成分的公司高出100%。[3]在工业领域，最近基于一家大型欧洲制造商内部的489个项目进行的一项研究发现，涉及重大开放式创新合作的项目比不涉及的项目为公司带来了更好的财务回报。[4]

基于大量公司的研究结论肯定了开放式创新的价值。许多采用区域创新调查的研究发现，在控制其他因素的情况下，拥有更多外部知识来源的组织比那些拥有较少知识来源的组织获得了更好的创新绩效。[5]最近基于125家大公司的调查也发现，采用开放式创新的公司正在取得更好的创新成效。[6]

然而，我相信我们大多数人都不太了解开放式创新。我们对它的含义有不同的理解，我们不知道如何最好地使用它，我们没有充分考虑它存在的问题和它的局限性，因此我们没有完全开发它的价值。这是本书的一个核心目标：让世界更全面地了解开放式创新，并帮助我们所有人从这个激动人心的概念中获得最大收益。

此外，自2003年以来，开放式创新发生了很大变化。我将研究最重要的发展及其对行业、创新和政策的意义。一个即将出现的主题是，开放式创新已远远超越了两个组织之间的合作与伙伴关系（尽管其仍是组织运作的重要组成部分），扩展到更广泛的供应链、网络、生态系统和公私伙伴关系中。开放式创新不再仅仅与公司有关，它还与创新发生的周围环境紧密相连。为了让开放式创新蓬勃发展，我们需要建立创新组织的生态系统。为了利用这些生态系统来促进生产率增长，我们需要将目光放得更长远，构建创新基础设施来支持开放式创新社会。

定义开放式创新

让我们从定义开放式创新开始。正如因纽特人描述"雪"的词语有几十种，"开放式创新"一词也有多种含义。在我看来，对开放式创新范式的最佳理解为传统垂直整合模型的对立面。在传统垂直整合模型中，内部创新活动形成内部开发的产品和服务，然后由公司分销。我将垂直整合模型称为"封闭式创新模型"。简言之，开放式创新是一个分布式创新过程，基于有目的地管理跨越组织边界的知识流，使用符合组织商业模式的金钱和非金钱机制。[7]这是公认的学术定义。但它基本上意味着，无论是流入还是流出，创新是通过获得、利用和吸收跨越组织边界的知识流产生的。然而，这个定义并没有被普遍接受，我稍后也会谈到这一点。

在开放式创新的这个定义中，我们假设公司在推进创新时可以且应当使用外部想法和内部想法以及内外部的市场路径。开放式创新流程将内外部的想法结合到平台、架构和系统中。开放式创新流程利用商业模式来定义这些架构和系统的要求。商业模式利用外部和内部的想法来创造价值，同时定义内部机制来实现其中的一部分价值。

内向型和外向型开放式创新

开放式创新有两种重要的类型：内向型（由外而内的）开放式创新和外向型（由内而外的）开放式创新。开放式创新的由外而内的部分涉及多种外部知识输入和贡献开放公司自身的创新流程，在学术研究和行业实践中，开放式创新的这一方面受到了最多的关注。关于技术侦察、众包、开源技术，以及技术许可或获取技术的文章数不胜数。许多学者和业界人士认为这就是开放式创新的全部内容，但这是不完整的。这些知识流的第二个分支，即外向型开放式创新，也是该概念的关键部分。外向型开放式创新要求组织允许未使用和未充分利用的知识走出组织，供其他人在其业务和商业模式中使用。这可能导致授予技术许可，或分拆出一家新企业，或将项目开放共享，或与外部各方组建新的合资企业（见专栏2.1）。与内向型开放式创新相比，这一部分在学术研究和行业实践中都不太为人所知。正如我们将在后面的章节中看到的，正是开放式创新的这个分支为未使用或未充分利用的内部想法和技术构建了探索新业务模型的途径。

专栏2.1　知识溢出在定义开放式创新中的作用

开放式创新定义的背后是什么？基于"有目的的知识流入和流出"的开放式创新的定义可以追溯到有关公司对研发投资产生的溢出效应的经济文献。由于公司无法提前完全指定投资的结果，研发不可避免地会产生事先未预料到的结果。这些结果超出了投资公司从中受益的能力，因此被称为"溢出"。

经济学家理查德·纳尔逊（Richard Nelson）早在 1959 年就观察到，基础研究产生了许多此类溢出，而投资于这种研究的公司从这些溢出中获取价值的能力有限。诺贝尔奖获得者肯尼斯·阿罗（Kenneth Arrow）也注意到了溢出问题，并认识到这些溢出意味着研发投资对社会的回报超过了对投资公司的回报。因此，他推断，从社会角度来看，私营企业在研发方面投资的动力不足。在此背景下，政府对研发投资给予补贴是合情合理的，目的是刺激研发，使其更接近社会理想水平。经济学家韦斯·科恩（Wes Cohen）和丹·莱文塔尔（Dan Levinthal）都提到了投资内部研究以便能够利用外部技术的重要性，他们将这种能力称为"吸收能力"。纳森·罗森伯格（Nathan Rosenberg）提出了一个相关的问题：为什么公司要用自己的钱进行基础研究？他继而回答说这种研究增强了公司利用外部知识的能力。

然而，值得一提的是，这些学者并未精准识别出能够使公司吸收外部知识的具体机制，也没有考虑公司选择将未使用的内部知识转移到更广泛的环境中的情况，而这种情况可能使公司获得额外收入或随着时间的推移降低维持技术的成本。

在全部相关文献中，溢出被视为聚焦于研发业务的重点公司的成本，并且被认为是基本无法控制的。这是开放式创新在概念上的关键区分，在研发的开放式创新模型中，溢出转化为知识的流入和流出，可以（并且应该）被有目的地管理。公司可以开发流程来寻找外部知识并将其转移到自己的创新活动中。公司还可以创建渠道，将未利用的内部知识从公司内部转移到周围环境中的其他组织中。公司可以设计特定的机制来引导这些知识的流入和流出。因此，以前未被精准识别和无法被管理的"溢出"，现在可以在开放式创新模型中进行结构化和管理（并成为新机会、新的成本降低、风险分担，甚至开发新产品的来源）。

什么不是开放式创新

请注意开放式创新不是什么：它不（仅）是关于众包，即寻求突破性概念或解决方案的人将问题提交给小组或团体来解决。开放式创新不（仅）是关于更好地管理供应商。开放式创新不（仅）是关于开源软件，以及受开源软件启发的开源方法。

最后一项值得更多讨论，因为这是一个非常普遍的误解。开放式创新的开源方法忽略了商业模式，也没有考虑开放式创新模型由内而外的部分。它还将知识产权（Intellectual Property，IP）视为创新的障碍，虽然在理想情况下这一障碍应当被消除。例如，埃里克·冯·希佩尔（Eric von Hippel）的研究以开源软件为例，分析了"开放和分布式创新"。[8, 9]除他以外，非常多的学者持有相同观点。

具有讽刺意味的是，开源社区内部出现了分裂。在这个社区内，人们在"免费软件"和"开放软件"之间存在着强烈的分歧。支持免费软件的是像理查德·斯托曼（Richard Stallman）和其他认为"软件应该是免费的"的人。像 GNU 操作系统这样的项目是使用"copy-left"方法构建的，这意味着对 GNU 代码的任何使用都必须与 GNU 开发社区的其他成员共享。这种方式近似于认为知识产权是不必要的，而且实际上对创新没有任何帮助。用户可以在社区内自由地展示他们的知识，因为他们作为创新的用户直接从创新进步中受益。商业模式在他们的构想中同样没有任何意义。他们完全忽视了资本组织可能需要什么来扩大其创新规模，以及一旦使用该资本，该如何获得回报。

另外，开源软件有一个单独的分支使用术语"开放软件"，它允许使用开放软件代码的公司对该代码进行添加，且不必与软件社区分享这些添加内容。Linux 是一个按照该思路组织的软件项目。像谷歌和亚马逊这样广泛使用 Linux 的公司已经为该代码开发了各种扩展，这些扩展被刻意保密，并且不与 Linux 社区共享。开放软件使公司能够建立在开放或共享代码的基础上，但如果它们愿意，可以投资于专有扩展。

Linux 的创造者莱纳斯·托瓦尔兹（ Linus Torvalds ）完全站在"开放"阵营（而不是"免费"阵营）。事实上，他对理查德·斯托曼对"免费软件"的宣传相当不屑一顾：

"他太固执、太虔诚了……我当然认为，一旦开源摆脱了自由软件基金会（Free Software Foundation）的政治和价值观，它就可以开始发挥更好的作用，而且更多的人开始将其视为一种工具而非宗教。我绝对是一个实用主义者。"（强调）[10]

托瓦尔兹的实用主义符合我对开放式创新的定义，即公司利用商业模式来支持对项目的投资，并允许公司随着时间的推移扩展该项目。在我看来，知识产权不仅是开放式创新所允许的，它实际上还使公司能够相互协作和协调，确保公司能够享受某种保护，以免其他公司直接模仿。如果公司的尝试被证明是成功的，而且能从这些资本中获得回报，那么公司将投入更多资本来扩大创新。[11]

开放式创新的两种观点都认为开放是一种强大的生成机制，可以激发大量创新。埃里克·冯·希佩尔正确地指出，在新产品的早期阶段，用户是强大的创新源泉。一旦新产品的初始阶段结束并且创新开始在市场上获得牵引力，"免费"和"开放"之间的区别就会变得明显。在这点上，业余爱好者让位于进入市场以将这些将创新商业化的公司——商业模式从而得以创建，资本投资成为增加创新数量以在整个社会中传播的重要部分。正如我们在第一章中看到的，一项创新实现真正的社会效益不仅需要产生，还需要广泛传播和吸收。虽然 Linux 早期是由莱纳斯·托瓦尔兹和一个小型志愿者社区创建的，但今天它得到了IBM、谷歌、红帽和亚马逊等公司的参与。这些公司围绕 Linux 建立了商业模式，并推动了 Linux 的使用。[12]像我这样的开放式创新人士认为，公司可以并且应该拥有法律制度和商业模式来实现这一过程，而免费软件（或"开放且分布的创新"）倡导者并不认为这是必要的。

现在你知道了什么是开放式创新，什么不是，以及为什么它不仅仅是开源软件的美化版本。接下来让我们看看它是如何运作的，以及自2003年提出这个想法以来它是如何发展的。

开放式创新的运作机制

我在2003年出版的《开放式创新》[13]一书被维基百科收录，并且其他观察家认为这是对新的创新方法的首次持续分析。《开放式创新》基于对少数公司创新实践的密切观察。观察发现，在许多案例中，公司的做法与当时盛行的关于创新的理论相悖。当时盛行的理论来自哈佛商学院两位非常有影响力的教授——迈克尔·波特和阿尔弗雷德·钱德勒（Alfred Chandler）。

波特的研究指出，公司可以通过创造或增加进入壁垒来更有效地创新，以将其他公司排除在该行业之外。[14]钱德勒认为管理研发最好通过管理内部研发来创造规模经济和范围经济。[15]在两位教授看来，真正的行动在公司内部，而外部世界根本不是创新过程的一部分。

我在2003年出版的《开放式创新》中阐明了这个概念不再是对许多领先工业公司创新活动的有效描述。为了了解这些公司在做什么，我们需要越过波特和钱德勒的思路，并采用新的方法。创新过程的"之前"和"之后"图可将转变的优势可视化（见图2.1和图2.2）。

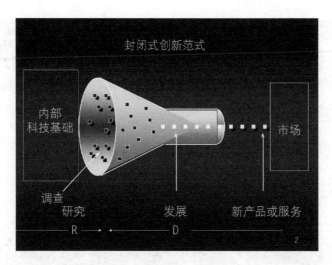

图2.1　封闭式创新模型

　　图2.1展示的是封闭式创新模型。在这种模型中，研究项目是在公司的科学和技术基础上从内部发起的。公司在整个过程中取得进展，一些项目被叫停，而其他项目则被选中展开进一步的工作。选择其中的一部分项目进入市场。这个过程被称为"封闭"过程，因为项目一开始只能以一种方式进入，并且进入市场后只能以一种方式退出。拥有许多显著的研究成果的 AT&T 的贝尔实验室就是这种模型的典范，其文化却臭名昭著。其他 20 世纪著名例子包括 IBM 的 TJ Watson 研究中心、Xerox的 PARC、GE 的 Schnectady 实验室、微软研究院。（值得注意的是，自从我的书问世以来，这些传奇机构都极大地改变了其创新模型，不再局限于封闭式创新模型。）然而时至今日，在日本等国家，封闭式创新模型仍广受欢迎，且被众多企业中的佼佼者所看好。

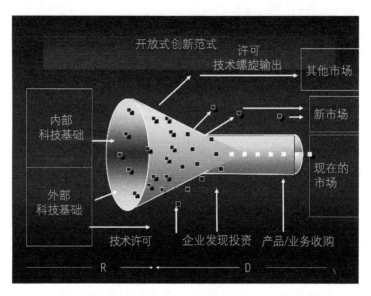

图2.2 开放式创新模型

图2.2展示的是开放式创新模型。最初的重点仍然在公司内部，检查其研发活动。创新"漏斗"仍然存在，其将项目从最初的构思阶段引导到市场。但是，两种模型之间存在显著差异。在开放式创新模型中，项目可以通过内部或外部技术来源启动，新技术可以在不同阶段进入流程，即模型的由外而内部分。此外，除了通过公司自己的营销和销售渠道进入市场，项目还可以在公司初始商业模式之外进入市场，如通过技术许可或分拆公司的形式。这是模型的由内而外的部分。我给这个模型贴上了"开放式"的标签，因为有很多方法可以让想法进入这个流程，也有很多方法可以让想法流入市场。IBM、英特尔、飞利浦、联合利华和宝洁都提供了这种开放式创新模型的一些方面的早期案例。

开放式创新可解释的异常现象

如果理解得当，开放式创新能够解释早期封闭式创新模型无法解释的现象[16, 17]。开放式创新的概念始于我对公司实际行动的密切观察。我也会后退一步，反思公司的行动，哪些与我作为博士生读到的内容以及我们教给学生的内容相关。迈克尔·波特教授在商业和企业战略方面提出的模型于20世纪80年代首次问世时产生了巨大影响，时至今日仍然很受欢迎。这实际上是一个封闭式创新模型，在这个模型中，你要明白自己的关键战略资产是什么，然后要么追求低成本，要么追求差异化，要么找到一个利基市场。在这个模型中，企业一直在寻找与其他组织竞争的方法。在我对工业实验室所发生的事情的观察中，很明显，波特模型正在发生变化，但还有很多事情通过波特模型无法得到充分的解释。正是这些异常现象促进了开放式创新概念的诞生。

我在施乐及其帕洛阿尔托研究中心花了大量时间。那时，我的一些研究跟踪了35个在施乐实验室启动并达到一定发展水平的项目，但随后所有这些项目的内部资助都停止了。我很好奇这些项目后来发生了什么，因为在许多情况下，施乐积极鼓励实施这些项目的员工离开并将项目带到外部市场。为什么？因为一旦这些人离开实验室，这笔预算就会被释放出来，并被重新部署到实验室，以发展施乐的核心业务或更具战略意义和前景的项目。

我的其中一个发现是，施乐的35个项目中的很大一部分在被带到外部市场后都以失败告终。这符合施乐的预期。因为施乐没有看到将该项目继续下去的价值，施乐认为这些项目根本没有太多价值可以实现。但我也发现了一个有趣的异常现象：一些走出去的项目非常成功，而且围绕项目创建了公司并成功上市。事实上，那些上市公司的市值总和超过了施乐自身的市值。我可以向你保证，施乐内部没有人会预料到这一点！这也是迈克尔·波特和阿尔弗雷德·钱德勒很难解释的一点。

这样的现象促使我思考其本质，以及如何有效地创新（无论是在施乐这样的大公司，还是在小公司或初创企业）。你如何看待更加开放的创新系统？以施乐公司为例，公司核心创新流程很好地将某些真正适合其商业模式的技术项目商业化。但也有其他技术项目不符合公司核心创新流程，但当这些项目退到外部市场时，不同的商业模式使它们作为独立实体更具吸引力。

我将这些不合适的项目定义为"假阴性"，即在公司当前商业模式下缺乏价值的项目，如果通过不同的商业模式进行商业化，则可能具有更高的价值。问题的根源在于创新涉及市场和技术的高不确定性。在这种情况下评估项目时，管理人员会做出最佳判断，但有时会犯评估错误。有些项目可能是"假阳性"：看起来很有希望的项目，但在投放市场后很快就失败了。有些项目可能是"假阴性"：因为被认为没有希望而在创新过程中停止的项目，其中一些会在组织外继续进行并取得成功。（"假阴性"的概念在之前关于创新流程的研究中没有被讨论过。）

开放式创新将"假阴性"视为潜在技术与公司商业模式不匹配的结果。这种不匹配意味着公司需要通过可以探索其他商业模式的内部流程来管理"假阴性"项目，或者将技术剥离到公司外部，以允许其寻找其他商业模式。我们将在第 5 章更仔细地研究这些内容。这些"假阴性"项目是开放式创新模型由内而外的部分的根源。

开放式创新的第二个新见解在于知识产权的处理。在封闭式创新模型中，公司一直以来都积累知识产权，从而为其内部员工提供设计自由。公司的主要目标是获得经营自由，并避免代价高昂的诉讼。因此，大多数专利对这些公司来说实际上价值很小，而且绝大多数专利从未被拥有它们的公司使用过。[18]知识产权代表了一种新的资产类别，为当前的商业模式带来额外的收入，也为开展新业务和构建新商业模式指明了道路。开放式创新意味着公司应该既是知识产权的积极卖家（当知识产权不适合公司的商业模式时），也是知识产权的积极买家（当外部知识产权确实适合公司的商业模式时）。

要评估此见解的价值，请考虑你的组织并评估其专利使用率。想想贵公司拥有的所有专利，然后问问自己，这些专利中有多少被用于组织（至少一项）业务？人们甚至不知道答案，因为从来没有人问过这个问题。一个众所周知的事实是：欧洲大约有2/3的已授权专利将在其 20 年到期日之前失效，因为公司不想继续支付续展费用以保持专利有效。[19]公司不厌其烦地分析自己专利的使用情况，使用率通常很低，为10%~30%。[20]这意味着公司 70%~90% 的专利未被使用。在大多数公司中，这些未被使用的专利也不对外提供许可。如果你的公司专利使用率较低，对外开放专利并供其他公司使用对你的公司来说是有益的。（当然，你需要根据自己的情况做出判断！）

商业模式是吸收创新的关键

正如对施乐PARC 的分析和上述对知识产权的讨论，商业模式在创新过程中发挥着关键作用。当进一步思考这点时，我意识到它本身就值得写一整本书。这成了我撰写2006年出版的第二本书《开放商业模式》的动机。我没有像第一本书那样将商业模式视为不可改变的，而是研究了能够创新商业模式本身的含义。提高商业模式的适应性可能使公司从创新和那些"假阴性"项目中获得更多的价值。

如果施乐愿意尝试其他商业模式，那么从3Com、Adobe、VLSI 技术等公司和其他衍生产品产生的一些价值可能会直接归施乐所有。其中一些实验甚至可以用"别人的钱"来完成。例如，如果施乐愿意在原始设备制造商（Original Equipment Manufacture，OEM）的基础上出售某些技术，那么这些技术在被施乐内部使用时可能已成为行业标准。实验所研究的是外部公司是否愿意购买该技术。在其他情况下，获得许可的技术流向了在非常不同的商业模式中使用这些技术的公司。施乐本可以用它仍然拥有的其他技术有选择地模仿其中的一些模式。

本书还展示了商业模式的成熟度模型，从商品型商业模式（提供无差异化的产品）到最高、最有价值的商业模式——平台商业模式。平台商业模式更加开放，因为它吸引了众多第三方对公司的架构、系统和平台进行创新。而且平台商业模式通常使其他人能够从你那里获得未使用的技术的许可，以便将这些技术应用于其他商业模式。这使得对研发的持续投资更具可持续性，甚至可以带来竞争优势。

例如，宝洁公司最著名的是通过其 "联发"项目发展由外而内的开放式创新。宝洁公司同时开放了其商业模式，将其许多技术授权给他人使用。这并不像看起来的那么奇怪，因为宝洁公司在战略层面对如何、何时及以何种条件许可这些技术进行了深思熟虑。正如宝洁公司的杰夫·威德曼（Jeff Weedman）对我说的：

（竞争优势）的原始观点是：我有，而你没有。接着是我有，你也有，但我得到它的方式花费更少。然后是我得到了它，你也得到了它，但我先得到了它。再然后是我得到了它，你从我这里得到了它，所以我卖的时候赚钱，你卖的时候我也赚钱。[21]

如今，商业模式创新正成为许多作者越来越感兴趣的领域。[22]虽然我的书是最早将创新结果与流行商业模式联系起来的书，但这是一个发展迅速的领域。然而，大多数组织将研发活动与商业模式的设计和改进分开看待。这其实阻碍了该领域的发展。

好消息是，创业领域的一些先驱思想家已经创建了一套流程，能够探索内部研发中的潜在"假阴性"项目的新商业模式。这是由埃里克·莱斯（Eric Rise）发起、史蒂夫·布兰克（Steve Blank）推动的精益创业运动。亚历克斯·奥斯特瓦尔德（Alex Osterwalder）也从设计的角度展开了商业模式画布说明。基于他们的协同努力的结果，我们现在知道如何设计和测试潜在的新商业模式。然而，鲜为人知的是，开放式创新可以在推动这些新探索方面发挥强大的作用，尤其是在大公司内部。我将在本书后面的第五章中用一整章来讨论这个主题。

开放式创新：转向服务

开放式创新的另一个最新发展是思考创新如何在服务领域产生。OECD中排名前 40 位的经济体中，大多数经济体的国内生产总值的一半或更多来自服务业。许多公司见证了这一点。施乐现在 25% 以上的收入来自服务业务。IBM是另一个经典案例，还有通用电气和霍尼韦尔。

在某些情况下，真正发生转变的是商业模式，这可以将产品业务转变为更多的服务业务。例如，通用电气飞机发动机可以以数千万美元的价格出售给机身制造商。同样的发动机也可以通过所谓的"每小时功率"项目出租给该机身制造商。在第一种情况下，它是产品交易。在第二种情况下，它变成了一种服务交易。而且，在第二种情况下，对于通用电气的一个潜在好处是所有售后服务、零部件销售等都可以在发动机的 30 年使用寿命期内累积。通过"每小时功率"项目，所有的工作和收入都回到了通用电气。

对于服务业而言，更普遍的是创新必须在标准化和定制化之间取得平衡。标准化使活动能够以高效率重复多次，将这些活动的固定成本分摊到许多交易或客户身上。定制化使每个客户都能得到他们想要的东西，以获得高的个人满意度。问题是，标准化拒绝了客户的大部分需求，而定制使标准化带来的效率变得低下。

针对该问题的解决方案是构建服务平台。服务平台邀请其他人在你的产品（平台）的基础上进行构建，这样就可以从平台标准化，以及通过平台上许多其他人的参与而进行的定制中获得经济回报。记住，开放式创新的一个基本前提是"并不是所有的聪明人都为你工作"。在这种情况下，实际上更有价值的不是构建一个个的科技区块，而是以有用的方式将这些区块连接在一起，形成一个框架，从而在其他人之前解决实际问题。因此，这个系统框架，即以有用的方式将各个部分组合在一起的系统集成方式，在一个有如此多的潜在区块可以为此目的组合在一起的世界中显得更有价值。

对我而言，平台领导力构成了系统集成的商业模式层面。[23]要让其他人加入你的平台，你需要构建一种能够激励客户、开发人员和其他人加入平台的商业模式。你需要基于他人可以赚钱的方式来设计你的商业模式，并且使他们可以创建适合自己的商业模式。如果做得好，他们的活动会增加你的业务对你的价值，因此他们赚的钱会使你的业务更有价值。我在2011年出版的《开放服务创新》一书中进一步探讨了这些想法。[24]

总之，开放式创新是一种强大的方法，可以改善人们从创新中获得的结果。与更传统的创新方法相比，它提供了更多有价值的见解，如专栏2.2所示。

专栏2.2 相比于先前的创新方法，开放式创新的八种见解[25]

1. 人们需要对内外部知识赋予同等重要性。

2. 商业模式对于将技术转化为商业价值至关重要。

3. Ⅰ型（假阳性）和Ⅱ型（假阴性）测量误差不可避免地来自对研发项目的评估，创新过程应该对这些误差做出反应。

4. 我们可以有目的地对知识流进行管理，而不是把它当作无法被管理的事物。

5. 企业的知识领域从根本上来说是丰富的，包括有用的知识。

6. 知识产权管理很重要、很微妙，值得研发人员主动管理。

7. 从 Innocentive 和 Nine-Sigma 等创新中介机构及 Kickstarter 和 Indiegogo 等众包提供商的崛起可以看出，研发的创新市场正在出现。

8. 以上这些意味着我们需要新的和不同的指标来评估创新能力与绩效。

开放式创新的问题是什么？它何时可能失败

到目前为止，你可能认为开放式创新很好。那么，既然它如此卓越，为什么不是每个人都这样做呢？为什么它没有解决我们在第一章中研究的指数技术潜力和经济现实之间的差距（指数悖论）？2013 年和 2015 年进行的两项大型抽样调查显示，大公司中有近80%将开放式创新的一些要素付诸实践。[26]但同样的调查表明，公司对其管理开放式创新的措施并不满意，而且正如我们已经看到的，开放式创新对不同的人意味着不同的东西。

现在是考虑实践开放式创新所涉及的一些问题的时候了。大部分学者仍在发布开放式创新成功案例或进行大规模统计分析，以显示开放式创新的优势。[27]一些学者在众包方面做了出色的工作，探索如何最好地构建请求提交，以及是否与提交请求的受访者合作或竞争奖励。[28]除了少数明显的例外，[29]学术界忽略了导致开放式创新失败的真正问题。

与此同时，在公司内部，许多人鼓吹他们通过开放式创新取得的成功，而他们面临的障碍、失败的项目、中断的项目都被掩盖了。许多咨询公司现在为感兴趣的客户提供开放式创新服务。他们大肆宣扬积极的结果，同时谨慎地掩盖任何没有按预期工作的事情。这不应该让我们感到惊讶，因为这些顾问不想让他们的客户及他们自己难堪。但是，我们错过了从开放式创新的负面经验中学习的机会，这导致我们忽视了开放式创新的风险、问题及其真实特征。

为了不只是单纯地庆祝开放式创新的成功，我们可以首先考虑一些需要满足的基本条件。从根本上说，开放式创新是产生、传播和吸收流入与流出的知识。这让我们想起在第一章中介绍过的图1.5，现在我们在单个组织的背景下对其进行研究（见图2.3）。

与第一章一样，仅仅发现或锁定有用的知识是不够的。我们必须将这些知识传播给组织中合适的人员和合适的职位。组织中的其他人需要学习、理解这些知识，并对其进行修改或扩展，以便让其在组织内部发挥作用。将知识从一个人转移到另一个人的最佳方式，即使在这个高度互联、永远在线的世界中，也是让人们近距离接触，使他们能够充分互动，真正进行知识共享和知识转移。因此，有效的开放式创新的一个关键求是劳动力要具有较高的教育水平和技能，以及从一个组织到其他组织的合理水平的劳动力流动性，以便在整个社会广泛传播这些知识。

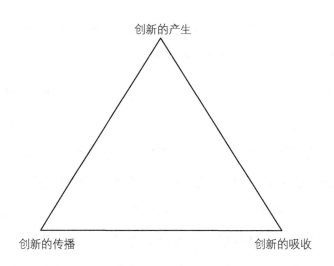

创新的产生

创新的传播　　　　　　　　　　　创新的吸收

图2.3　创新的三个方面

这在某些环境中是很难做到的。例如，在日本，劳动力市场分为两级，许多人在大学毕业后加入一家公司，然后他们的大部分职业生涯都在这家公司度过。劳动力市场的第二级是临时性的，人员从一家公司流动到另一家公司。这些人通常从事职位较低的工作。即使在今日，日本的劳动力流动性在第一级市场中仍然非常低。这真的会损害开放式创新，因为即使你引入了外部想法，也是你去年或前年或更早之前遇到的那些人正试图接受新想法。想法可能会出现，但拥有这些想法的人不会出现，并且不会对新想法进行必要的修改和调整，以使其在该公司的环境中发挥作用。

正如我们将在后面关于开放式创新的章节（第四章）中看到的那样，组织内部"筒仓"通常会阻碍开放式创新，因为有用的内部知识被困在特定的职能部门中，或者被防御性管理者囤积。为了突破这些"筒仓"，人们还需要在创新团队和业务部门之间轮换，以便将有前景的创新项目转移到业务部门。这种转移通常需要对最初的想法进行修改和调整，以将其纳入业务部门，并将其推向市场。为了利用开放式创新由内而外的分支，一个或多个人通常需要花费一段时间随项目一起移动，以便有效地将项目移植到发起部门之外的部门。

传播和吸收新知识的另一个要求是内部研发。有些人认为开放式创新是外包研发的理由，但这是对创新本质的误解。要以公司可以真正利用知识的方式有效地传播知识，必须给应用这些知识的人一定程度的磨炼和一定的停留时间。[30]开放式创新在你与传播相关知识的人并肩协作的情况下，能实现最佳效果。[31]这些人不是采购人员，而是来自组织的非常有才华的人。相关要求是：那些扮演跨界角色的人需要连接来自不同来源的知识，并找到将它们混合在一起的方法。这对于打破特定职能部门的专业知识（限制职能部门之外的其他人访问这些知识）的组织"筒仓"壁垒特别有用。这些人有时被称为"T 型经理"。[32]这是吸收过程的一部分。

在研发中，一个众所周知的会损害开放式创新有效性的现象是"非我发明（Not Invented Here，NIH）综合征"。拥有强大技术力量的组织中的研发人员总是坚信，如果某物不是他们自己发明的，那么它一定不重要或不会很好。这种傲慢通常出现在拥有良好技术成果和悠久历史的组织中，而且组织中的非技术人员无法独自完成对内部研发能力的有效评估。开放式创新在创新过程的许多关键阶段依赖内部研发人员，因此拥有强大 NIH 文化的组织可能会找到许多方法来推翻开放式创新过程。

最近的一篇论文非常清楚地记录了NIH对开放式创新的影响。希拉·利夫希茨-阿萨夫（Hila Lifshitz-Assaf）师从卡里姆·拉克哈尼（Karim Lakhani），在哈佛商学院攻读博士学位。她研究了美国国家航空航天局（NASA）对开放式创新实践的应用，并特别关注了利用众包为 NASA 产生新想法的现象。[33]一个成功的想法使 NASA 显著提高了其预测太阳耀斑的能力。但她的工作不局限于这个取得了成功的想法。她对这个想法在NASA约翰逊航天中心任务控制中心的工程组织内部产生的影响展开了研究。内部工程师对从外部获得的结果感到困扰。他们的身份认同感及他们对自己在组织中的角色的理解似乎受到了开放式创新成果的威胁。我怀疑许多研发密集型组织对自己公司的开放式创新实践做出了类似的反应。

开放式创新的另一个问题是，从外部获得的知识的结果是否及如何在公司的后续创新过程中发挥作用。举办众包挑战赛并为获奖者颁奖只是主办机构创新之旅的开始。即使优秀的想法也必须经过修改和定制，以适应主办机构的特定环境。这项工作必须由内部人员，通常是组织中的技术人员来完成。同时，来自外部的想法必须与其他想法和项目竞争关注度和优先级——来自内部的想法和项目通常有支持者在组织内部解释、证明和推广它们。这种宣传对于推动项目克服（任何创新项目必须清除的）障碍至关重要。相比之下，来自外部的想法或项目通常没有内部技术支持者，即使获得了奖励或奖品，也不能保证在通过这些后续的创新障碍时获得持续的内部支持。

在潜在的由内而外的开放式创新项目中，一种不同的约束浮出水面。许多公司未充分利用其专利库和其他专有技术资产。如果让一些搁置的内部项目有机会在公司外部寻求机会，它们很可能会在新市场中找到新的生机。然而，这样做确实存在障碍，不是因为担心那些寻求机会的人会浪费公司的时间或资源，而是担心那些寻求机会的人可能会成功找到新市场。公司内部之前搁置该项目的人员在项目取得成功后看起来很糟糕，而不是庆祝这一成功。只要项目一直被搁置，就没有人面临尴尬的风险。总之，让项目脱离组织会带来被人耻笑的可能性。这种行为反应被称为"害怕看起来很愚蠢（Fear of look foolish，FOLF）综合征"。

当探索回收废弃化合物的想法时，埃里克·陈（Eric Chen）和我在制药行业中研究了这个问题。[34]虽然每家制药公司都声称其关键任务是解决患者未得到满足的医疗需求，但组织"筒仓"强烈抑制了将废弃化合物转移到公司外部以供另一个集团商业化的过程。一家拥有7000名研究科学家的制药公司正在研究数万种化合物，其中正好有两个人负责对该公司的专利化合物进行许可。有时候，一种化合物可能被许可转移出去，而在其他时候，没有化合物被许可转移出去。我们的采访对象坦率地向我们承认，FOLF综合征是解决这个问题的主要制约因素。

开放式创新也会产生更微妙的问题。如果一个人成功地向人群或创新社区发出了解决方案的呼吁，那么他可能会吸引大量意见。审核所有这些提交的意见需要时间，而且大多数意见的质量水平通常很差。更糟糕的是，如果有更多的想法进入公司的创新过程，而公司又没有能力来处理这些想法，大量的新想法会造成瓶颈和拥堵，从而减缓整体创新过程，而不是刺激更多的创新。许多公司的创新过程之所以缓慢，正是因为团队完成工作所需的支持资源供不应求。这些问题都不容易解决。我们将在第四章进行更深入的探讨。

今日的开放式创新：网络、生态系统和平台

开放式创新始于一系列案例研究，研究了两个组织之间的合作，以开放核心公司的内部创新流程。然而，今天我们看到了许多这样的例子：在创新过程中，开放式创新被用于协调众多角色之间的关系。简言之，设计和管理创新社区对于开放式创新的未来将变得越来越重要。这

对公司及公司经营所在的更大社会都是如此。

许多观察家已经注意到像优步、爱彼迎和亚马逊这样的公司如何通过构建和扩展平台，将购买各种商品和服务的客户与提供这些商品和服务的不同供应商联系起来，从而开发出非常有价值的业务。这些是相对纯粹的平台形式，其特点是平台所有者不需要拥有任何正在交易的资产。

但开放式创新远远超出了这些纯粹平台的例子。它实际上正在改变各种消费者和工业企业，将其影响范围和重点扩展到企业经营所在的周围生态系统。密切关注自己的生态系统可以为企业开启新的增长源。[35]罗恩·阿德纳（Ron Adner）有一本精彩的书详细阐述了这一点，虽然并不是基于开放式创新的背景。让我用两个大相径庭的例子来说明这一点。这两个例子涉及跨越两种不同类型的社区级开放式创新。

我的第一个例子来自中国台湾积体电路制造股份有限公司（以下简称台积电），这是一家从事半导体行业的芯片代工厂。台积电通过其制造工厂向设计新半导体芯片的客户提供制造服务。客户将设计好的芯片交给台积电，台积电将这些设计制作在硅片上，然后将其返还给客户，客户将它们打包成单独的芯片后再出售。这使台积电的客户不必投资昂贵的制造工厂来制造芯片。相反，他们依赖像台积电这样的公司为他们做制造工作。

设计芯片是一个复杂的过程，需要客户使用各种设计工具，如设计参考和工艺配方。随着台积电业务生态系统的发展，许多制造这些工具的第三方公司开始采取措施向客户保证，他们的产品将按照台积电的流程运行。这里有一个明显的好处：第三方公司的设计工具产品的扩展为台积电的客户创造了更多的设计选择。然而，这里也有一个明显的风险：这些新产品增加了台积电客户管理的复杂性，而这种复杂性可能导致新芯片需要重新设计或进行其他昂贵的修改。

台积电通过其开放式创新平台化解了这一风险。开放式创新平台首先将台积电提供的设计和制造服务与许多第三方公司提供的服务组合在一起，然后对所有这些组合进行测试。台积电向这些产品的客户证明，他们可以放心使用这些工具，芯片将在第一次通过该流程时就能被正确生产。台积电的开放式创新平台可以帮助客户在第一次通过测试时就生产出正确的产品。这避免了非常昂贵的芯片设计"转向"，避免了必须重新设计成本芯片才能正确批量生产的情况。结果是台积电的客户能够以更低的设计成本更快地进入市场。因此，在客户于设计芯片时坚持使用经过验证的资源的前提下，台积电使用开放式创新来管理复杂的内部和外部设计资源生态系统，并为其客户提供保证。

我的第二个例子来自通用电气及其最近面临的绿色创想挑战。[36]虽然通用电气拥有属于自己的庞大能源业务，该业务年收入接近 400 亿美元，但公司已经注意到在绿色和可再生能源技术方面有大量的风险投资和创业机会。认识到自身的局限性，通用电气寻求建立一个流程来挖掘潜在的项目创意，利用这些创意有可能成立绿色和可再生能源领域有前途的新企业。

通用电气是以开放的方式做到这一点的。通用电气没有自己做所有的工作，而是招募了4家活跃的风险投资公司，这些公司已经在该领域积累了投资经验。这4家风险投资公司和通用电气共同承诺投资 2 亿美元，用于投资有吸引力的初创企业。绿色创想挑战由此诞生。2010年7月，挑战赛面向全球发起，邀请大家提交潜在的项目创意，供创业投资参考。

在此过程中，通用电气收到了 3800 多份风险投资建议书（原本预计可以收到 400 份）。截至撰写本书时，已有 23 家企业获得了资助，另有

5 个项目获得了其他奖项，甚至包括"人民选择奖"。虽然这些企业还很年轻，但风险投资公司和通用电气都对这种体验充满热情。通用电气还将该模式应用于医疗保健领域（2011 年发起了健康创想挑战）。

不一定必须是大公司才可以向社区开放自己的创新流程。佛罗里达州的一家小公司 Ocean Optics 发起了规模小得多的社区创新挑战。

这就是开放式创新的未来，一个更广泛、更协作、对于不同的参与者来说参与度更高的未来。正如没有人是一座孤岛一样，如果公司将自己限制在波特和钱德勒的概念中，就不会在开放式创新世界中取得成功。相反，这些公司必须在它们的竞争对手这样做之前，接受其周围存在的丰富有用的知识，并找到识别、利用和部署这些知识的方法，以便在竞争对手之前推动其业务发展。

开放式创新为接受它的企业和支持它的更大社会提供了大量机会。然而，为了充分利用开放式创新，我们需要密切关注支持或抑制有效开放式创新的边界条件。与第一章一样，企业必须做的不仅仅是开发一项新技术，还必须在众多受"筒仓"影响的大型组织中广泛传播该技术，并克服FOLF综合征。企业必须吸收技术，将其嵌入业务部门和业务模型，以便对其进行扩展。在第三章中，我们将研究从基础科学研究中获取新技术的过程。对于那些想要直接获得开放式创新结果的人，可以跳到第四章，我们将在那里更深入地研究这些问题。第八章将展示一些实践开放式创新的模范企业，还将分析一些值得注意的失败案例。

全球组织的创新能力将不再停留在自身组织的边界上。相反，组织的开放式创新实践将扩展到供应商、客户、合作伙伴、第三方和整个社会群体。这是从开放式创新中获得商业成果的秘诀。正如一位研发经理向我解释的那样："过去，实验室就是我们的世界；通过开放式创新，世界现在就是我们的实验室。"

第二章要点

1. 大多数公司过去都是自己动手或采用封闭式创新模型。如今，许多公司的创新更加开放。

2. 开放式创新利用跨组织边界的知识流入和流出来识别新机会、节省时间和金钱，并分担创新风险。

3. 公司内部技术的产生、传播和吸收不仅需要技术开发，还需要商业模式的设计和部署。这与我们在第一章中看到的整个社会的创新基础设施相似。

4. 除了制造和加工行业，开放式创新还影响服务行业。服务平台可以解决定制化和标准化之间的矛盾。

5. 缺乏内部研发能力、缺乏内部拥护者、FOLF综合征、缺乏及时响应能力都可能阻碍开放式创新。

6. 开放式创新正在超越单个组织之间的单一协作，转向通过平台进行协作的网络和生态系统。

从开放式科学
到开放式创新

在前两章中，我认为投资于知识基础设施是恢复生产力增长的关键，我们需要开放式创新流程，使社会中可用的知识能够发挥最大的价值。我们需要产生知识，我们需要广泛传播知识，我们需要让人们做好吸收知识的准备。在本章中，我将更深入地探讨知识基础设施的这三个方面，并展示如何促进更多的创新，如何进一步提升生产力。我们将在第四章回到企业开放式创新实践的具体讨论，因此对知识的产生不感兴趣的读者可能想跳过这一章，直接进入第四章。

产生和传播有用知识的一种有效方法是通过开放式科学的过程。开放式科学广泛分享其发现，并缩短了新知识的产生与其在整个社会中传播之间的滞后时间。共享的广度和速度吸引了更广泛的合作伙伴参与到新知识的发现中。这反过来又加深了对知识的理解，提高了知识的质量，并有助于知识的传播（引出新的产生和传播循环）。

然而，尽管这种广泛的参与很有价值，但它并不能保证科学知识随后能被有效地商业化。事实上，开放式科学的规范在某种程度上会带来挑战，阻碍知识的吸收或后续的商业化。

就像我们在第二章中讨论的那样，开放式创新是一个有时会与开源软件混淆的概念。两个概念之间确实存在联系，但也有着关键差异。在本章中，我将展示这些差异如何有助于将开放式科学的成果与其发现的更快转化和发展联系起来。与开放式科学一样，开放式创新也需要广泛、有效地参与创新过程。但是，开放式创新中新知识的有效商业化还需要基于新商业模式的发现和开发。这也许是开放式创新对开放式科学的关键贡献。

商业模式在创新系统中创造价值，也使核心参与者能够获得至少部分价值。开展实验、承担风险及投入资本，以便将科学知识转化为商业创新的动力和能力，是知识吸收的重要组成部分。与此相关的是，知识产权的处理变得与商业行为体投资资源和开展冒险活动以开发新工艺、产品或服务的能力和意愿相关。然而，对知识产权的过度保护或在科学探究的早期阶段过早地分配知识产权，会扼杀而非促进创新。这可能会提高公司个体的吸收能力，但代价是阻碍了知识在更广泛的社会中的传播。

开放式科学

对知识的追求与人类一样古老，但促进科学发现的机构是随着启蒙运动兴起的。在此之前，有由富有的赞助人赞助的科学家，也有早期大学的建立。但前者有强烈的动机去囤积知识，后者则将大部分精力集中在文科的发展上（在中世纪，神学是这些大学授予的主要学位）。[1]

在启蒙运动时期，随着对知识的追求从皇家赞助人转移到更广泛的商人阶层，科学机构出现了"寒武纪大爆发"，既产生了新知识，又传播了这些知识。这种迁移导致新科学和新发现在社会中传播的速度大大提高。一个具有里程碑意义的事件是1660年英国皇家学会的成立，该学会于1665年开始出版《皇家学会哲学汇刊》。[2]其他类似团体很快出现在法国（1666年）、德国（1700年）、俄罗斯（1724年）和瑞典（1739年）。到1700年，已经出版了30多种科学期刊，一个世纪后，这一数字飙升至1000多种。

在这一思想发酵时期，科学规范也得以确立。罗伯特·默顿（Robert Merton）在其所著的《科学社会学》（*Sociology of Science*）中对这些规范进行了一项颇有影响力的深入分析。分析结果被打包成一个他称之为 CUDOS［公有主义（Communalism）、普遍主义（Universalism）、无私利性（Disinterestedness）、原创性（Originality）、怀疑主义（Skepticism）］的大纲。

- 公有主义：与他人分享发现，通过分享，科学家放弃知识产权，以换取社会认可。

- 普遍主义：对真理的主张是根据普遍标准进行评估的，并且在相同条件下可以被其他人复制。

- 无私利性：研究人员态度客观，以便其随时随地跟踪证据，而不管这种行为和结果对利润的影响。

- 原创性：研究结果应该对认知产生新的贡献。

- 怀疑主义：所有想法都要经过严格的、结构化的审查，这将决定最终工作的质量。

随着互联网和万维网的出现，这些默顿主义规范（CUDOS）在新机构中得到了体现，这些机构再次创造了更多、传播速度更快的知识。一个具体的例子是开源软件。开源软件是一种软件开发方法，其中，代码库对所有参与者开放且供检查。这使得软件能够快速传播给其他人，也允许软件中的常见例程在其他环境中被快速应用。同时，此代码由众多独立开发人员和测试人员进行测试，以便快速检测并修复软件"错误"。根据理查德·斯托曼（Richard Stallman）的名言，"只要有足够多的眼睛，所有错误都是显而易见的"，这使得开源软件能够生成高质量和高可靠性的代码。

最近，开放式科学的规范已经体现在进一步扩大获取科学知识的项目中。一个相关的例子是美国的开放式科学网格。它指的是更广泛、更快、更便宜地获取新知识将促进对科学的更快理解和使用。这种"开放获取运动"在公共科学图书馆的期刊上得到了体现，用于获取已完成的科学文章。它还引出了新举措，如研究数据联盟，用于共享在科学过程中收集的源数据，以及带来新科学的研究数据和研究方法。

对数据访问需求的增长、对高质量设备和高数据容量访问的增长，以及为组织和管理访问及开放访问的结果而开发的支持基础设施，说明对科学本身的追求正在扩大。这导致了一个"公民科学"或"大众科学"的时代，在这个时代，来自世界各地的普通人都可以做出重要的科学贡献。在天文学领域，业余天文学家正在寻找新的恒星、新的系外行星和新现象。在生物学领域，像 FoldIt 这样的程序正在招募普通贡献者以解决复杂的蛋白质折叠问题。在被忽视的疾病中，开放式科学正在寻找新的应用。在全球气候变化等看似棘手的大问题中，开放式科学也在取得进展。

在欧洲核子研究中心（Conseil Européen pour la Recherche Nucléaire，CERN）可以找到开放式科学的一个极好的例子。虽然起源于核研究，但欧洲核子研究中心作为万维网的发源地，为科学做出了许多贡献：作为网格计算项目的贡献者，将其粒子加速器与全球 170 个实验室相连（WLG）；将不同学科的多个欧盟实验室相连（EGI），以及与40个国家可访问的高能物理期刊的开放获取存储库相连（SCOAP3）。在所有这些活动中，欧洲核子研究中心仍然以其大型强子对撞机的主机实验室而闻名，该实验室旨在利用光粒子以极高的速度碰撞来测试希格斯玻色子。

欧洲核子研究中心的历史有力地证明了开放式科学在整个机构范围内被大规模采用时的力量。从一开始，欧洲核子研究中心就为其研究成果能够被广泛获取和传播提供了条件。它还邀请了来自世界各地的参与者参与项目。[4]开放式科学的规范使得大量参与者贡献了重大成果。例如，描述希格斯玻色子的发现和验证的两篇基础论文各有大约 6000 位作者。这些论文使欧洲核子研究中心的顶尖研究人员于2013年获得了诺贝尔物理学奖。

开放式科学不直接导致创新

虽然开放式科学在过去几十年里取得了令人瞩目的进步，尤其是在欧洲核子研究中心这样的地方，但人们还不能说它同时导致了创新类似的增长。我们在第一章中看到 G7 国家的生产力增长放缓。事实上，欧洲确实担心其非凡的科学基础并没有引导新科学在工业应用中充分实现价值。[5]这是那些相信开放式科学是恢复创新能力的必要条件的人需要思考的问题。[6]如果我们想激活更多的创新和带来更高的生产力，那么除了促进开放式科学的机构，我们可能还需要考虑促进科学在创新领域应用的机构。正如第二章所述，知识不仅必须产生和传播，还必须被吸收并付诸实践。只有这样，我们才能在整个社会中看到知识的全部好处。

开放式科学本身可能无法转化为新的创新，原因很简单：一旦有了新发现，研究人员通常不清楚如何最好地应用它，或者认为它的应用并不重要。了解新材料的性状或新的物理特性，对于如何最好地利用这些知识来说可能意义不大。例如，研究人员完全不清楚在欧洲核子研究中心发现的希格斯玻色子的知识如何在商业上应用。再举一个比较老的例子，最初为研究分子结构而开发的激光原理背后的基础物理学证明了光的新特性。但是，要将这一知识在任何工业规模上付诸实践都需要数十年的时间。结果证明，这种知识最普遍的应用是在 CD 和 DVD 播放器中，用于音频和视频的录制与播放。这项应用与当时进行该基础科学研究的科学家的想法相去甚远。此外，应用这些知识需要很多年的实验及大量投资，以便开发和扩展使用这种发明的设备。

不同的动机与情境

科学知识的应用涉及科学发现中存在的不同动机、背景和机制。在科学中，基本问题是对某些行为现象的因果解释。正如默顿在上面提到的，科学家放弃了对基本发现的所有权的可能主张，以换取社会认可和声望。复制和验证这些知识的能力是科学过程的重要组成部分。开放式科学的规范促进了复制和验证知识并传播知识的能力，以换取社会认可，并为新的发现周期获得额外的知识。

然而，应用这些新知识的最佳方法是模糊的，并且涉及在要探索的领域做出判断和冒险的情况。这种应用科学并不像"真正的科学"那样享有盛誉。世界上也没有对知识的启发性应用设立诺贝尔奖。事实上，公布这种类型的调查结果可能会更加困难。当寻求应用这些知识的人希望通过这项工作获得经济回报时，我们甚至不清楚他们是否希望别人快速复制和验证他们的结果。

科学研究人员也往往不了解在商业领域应用新知识时必须解决的实际背景、限制和优先事项等问题。这种依赖背景的知识并不普遍，而且通常是隐性的；除非其他人经历过最初产生这种知识的过程，否则很难广泛共享。可仔细描述和控制实验的实验室条件让步于许多因素同时以不受控的方式发挥作用的混乱现实。

由于这些原因，从新的科学知识中产生创新所需的时间投资与在一流大学中晋升和任职所采取的"纯粹"学术激励措施背道而驰。

将科学知识转化为创新还存在其他障碍。资金是很重要的一项。基础科学研究通常由公共机构资助，采用同行评审流程。这种资助通常会在新发现完成并发布时结束。很少有任何公共资金被用于进一步开发和应用知识。这其中隐含的假设是，私营部门更有能力为这些知识的应用分配资源。

"死亡之谷"

如果私营部门要将资金用于一项有光明未来的新发现，则该项投资必须带来财务回报。这需要仔细评估风险和回报。尽管新的科学发现可能提供令人兴奋的机会，而且通常在其发展的早期阶段就被报道，但作为最初的概念验证的真实数据仅在实验室规模提供。将这一初步证据转化为商业规模的创新涉及巨大的风险和大量投资。这可能会在开放式科学的公开发布与可盈利的应用之间形成"死亡之谷"。在这个山谷中，没有更多的科学资金可用于该项目，而对该项目的粗浅了解阻碍了私人资本的投资。

"死亡之谷"在欧盟的创新政策中受到了相当大的关注。各种举措都在试图弥合这一差距。最新的研发资助计划 Horizons 2020 明确寻求将资金转向研究知识的更多商业应用，而之前的 FP7 资助计划更侧重于资助基础研究。欧盟资助的其他计划包括用以孵化学术阶段以外的研究发现的科学园（使其对行业更具吸引力），此外还有加速器、生活实验室和知识创新中心（KIC）。

美国的创新政策更成功地填补了这个"死亡之谷"。大学有更多能力从研究发现中获利，而这要归功于《拜杜法案》（*Bayh-Dole Act*），该法案允许大学为政府资助的发现申请专利并获得许可。美国大学教授请假来创办新的初创企业，将他们的研究发现进行商业化。初创企业得到了来自风险资本家、众筹、美国小企业管理局和天使投资人的大量新风险投资的支持。这种新风险投资网络在美国比在欧洲或日本发达得多。

知识产权

填补"死亡之谷"的另一个考虑因素是对知识产权（Intellectual Property，IP）的处理。正如默顿在前文中提到的，开放式科学明确回避了发现的所有权，以促进新知识的快速验证和传播。在科学发现过程中分配知识产权会阻碍开放式科学的发展，以及科学思想和知识的更快、更好的自由交流。

然而，在运用新知识创造新的创新时，知识产权可以发挥作用。社会认可不足以激励私营部门进行新知识商业化所需的风险投资。[7]这时，通常需要在有限的时间内提供某种程度的保护，以促使私营部门有动力投入时间、金钱和人力，尝试引入新的创新。

不过，我们不应夸大知识产权的作用。我们必须在初始创新和改进创新之间保持平衡。与不采取任何保护措施（抑制对创新的初始风险承担和投资）或采取极强保护措施（抑制或减缓创新的传播和发展）相比，采取适度的保护措施更能带来这种平衡。清楚地了解一项技术可以在哪些方面带来利益有助于完善专利地图；如此一来，只有特定应用的前景知识才会受到保护，而支持该应用的更广泛的背景知识将继续向更广泛的科学界开放。

开放式创新制度

那么，从开放式科学发展创新需要一套相应的开放式创新制度。与开放式科学制度不同，开放式创新制度取决于进行创新的方式和环境。正如我们在第二章中看到的，支持新知识产生的力量必须与支持新知识广泛传播和快速吸收的力量相平衡。例如，美国管理这些力量的方式可能与中国、芬兰或以色列等国有很大不同。

一些工业研发简史对解释这些制度的贡献有所帮助。特别是早期的一种促进更大规模的内部纵向一体化的研发制度与后来的一种促进更分散、更开放研发的制度形成对比。

封闭式创新制度

外部科学知识在19世纪得到了极大的扩展。到20世纪初，我们已经了解了微生物、X射线、原子的基本结构、电和相对论。我们还了解了进行科学研究的更系统的方法。正如阿尔弗雷德·诺斯·怀特黑德（Alfred North Whitehead）所说，"19世纪最伟大的发明是发明方法本身"。[8]

尽管人类在19世纪实现了科学突破，但对于20世纪的大多数行业来说，许多新科学才刚刚开始被理解，其最终的商业用途还远未实现。此外，当时的科学规范表明，科学的任何实际应用都离不开科学家的帮助。美国科学家在当时效仿德国顶尖大学所秉持的"纯"科学规范，将追求实用性的知识视为"堕落科学"。[9]在大学课堂中讲授的科学理论与在商业实践中基于这些理论的有益应用之间存在巨大的空白。此外，大学缺乏独立开展重大实验的财政资源。

政府没有能力填补这个空白。历史上这一时期，政府财政在经济中的总体规模比今天小得多。而此时，政府在研究系统中并没有发挥多大作用。政府确实采取了一些举措，如建立专利制度，并为度量衡、军用材料等方面的特定调查提供了有限的资金。在美国，政府为农业研究提供了一些资金。但总的来说，政府在组织或资助科学方面发挥的作用非常有限。

当时，大规模的工业企业是科学商业化研究资金的主要来源，工业研发实验室是工业研究的主要场所。德国化工公司通过对用于制造新染料的材料的特性进行越来越深入的研究，系统地扩大了其产品供应。通过了解原油的特性，石油公司迅速提高了其炼油产能。在这个过程中，各公司也在用原材料进行创新，生产更多的新产品。

只有规模较大的公司才能负担得起支持重大研发投资所需的资金，而且只有这些公司才能获得通过应用新的科学知识而产生的知识。这形成了强大的进入壁垒，使大公司更加稳固，而其他所有公司都处于不利地位。这些实验室产生了大量知识，但知识的传播被大大地限制了。

封闭式创新制度就是围绕这一现实建立起来的。一项政策源于经济学家肯尼斯·阿罗的见解[10]，即研发的收益往往会溢出到社会其他领域。因此，研发的社会回报大于其对研发公司的私有回报。这意味着社会获得的研发回报比理想中的要少。这导致了研发税收抵免制度的施行，以补贴研发支出，从而使公司进行更多的研发。

第二项制度是政府对基础科学研究的资助占主导地位。第二次世界大战后，各国选择将资源分配给政府研究机构。用范尼瓦尔·布什给罗斯福总统的便笺中的话来说，战后时代，政府对科学研究的资助大幅增加，创造了一个无尽的前沿。[11]

第三项制度是扩大知识产权保护。大公司之间可以相互谈判以争取经营自由（如通过交叉许可），而强大的知识产权使它们能够设置更多的进入壁垒，以阻止新进入者进入市场。美国第10届联邦知识产权诉讼巡回法院的成立规范和加强了美国的知识产权保护，这也成了欧洲效仿的模式。[12]

第四项制度表现在许多国家有意识地创建工业领军者，即具有足够规模以克服这些障碍的公司。这些领军者在社会中提供了技术和专业知识的宝库，同时提供了很多就业机会。它们经常与政府机构密切合作，协调对新的、有前途的技术领域的投资。

这些安排带来了相当大的创新，但也产生了一些不太理想的结果。其中最主要的可能是由此产生的知识垄断和寡头垄断。封闭式创新制度的逻辑是，"为了做好研发工作，你必须做大"。为了在这种模式下进行有效的创新，组织必须全力以赴，从工具和材料到产品设计和制造，再到销售、服务和支持。新科学知识的转化将由站在经济制高点的工业领军者领导。这减缓了新知识的传播，因为只有极少数组织拥有知识和资源来尝试创新，而这些组织只能探索知识潜在应用的一小部分。这些领军者的缓慢速度和狭隘关注同样减少了更大社会对新知识的传播和吸收。

向开放式创新转变

就像前文所讲的，开放式科学的兴起为许多科学领域带来了丰富的知识储备。公共科学数据库、在线期刊和文章的激增，再加上低成本的互联网接入和高传输速率，使社会能够获得大量知识，而在封闭式创新时代，获取这些知识的成本要高得多，时间要长得多。这些发展极大地促进了传播。

科学规范的关注点也发生了转变：人们不仅对理解物理知识感兴趣，而且对应用物理知识更感兴趣。虽然大学里的科学研究一直很优秀，但很明显，许多教授（和他们的研究生们）都渴望将科学研究商业化。科学和工程的规范也发生了变化：大学科学和工程系不再有很多像亨利·罗兰兹（Henry Rowlands）这种人。[13]

大学科研的兴起、科研应用的延伸，以及日益分散的研究分布意味着集中研发组织建立的知识垄断的封闭创新时代已经结束。与40年前相比，如今知识的传播范围要广得多。

例如，支持知识在知识领域更广泛分布的证据之一是专利授予集中程度的变化（这是知识扩散增加的第一个指标）。专利是知识生成过程的一个结果，通过美国专利商标局，我们可以获得关于美国专利的数据。例如，1990—2000年，美国专利商标局发布的40多万项专利中，排名前20位的公司仅获得了 11% 的专利授予。与此相关的是，个人和小公司持有的专利数量占比从 1970 年的 5% 左右上升到了1992年的20%以上。[14]

知识扩散增加的第二个指标反映在美国政府按企业规模划分的研发统计数据中。工业研发是产生创意并应用创意的关键过程之一。从1981年到2015年，员工人数不足1000人的公司在工业研发中的份额大幅增加。虽然大公司仍然是研发支出的重要来源，但其研发支出所占份额已经下降了一半，从1981年的70%下降到2015年的不足35%。相应地，在同一时期，员工人数不足1000人的公司的研发支出所占份额从4.4%上升到22%。[15]

现在，创新过程背后的逻辑完全颠倒了。在拥有丰富知识的环境中，人们可以通过专注于特定领域来做很多事情，而没必要做全部的事情。

开放式创新模型

第二章讨论的开放式创新模型是基于丰富知识的逻辑而构建的。它假设企业或创新机构在推进创新时，可以而且应该使用外部想法和内部想法，以及内部和外部的市场路径。开放式创新流程将内部和外部的想法结合到平台、架构和系统中。开放式创新流程利用商业模式来定义这些架构和系统的要求。这些商业模式利用外部和内部的想法来创造价值，同时建立内部机制来获取其中一部分价值。

有两种重要的开放式创新：内向型（由外而内）和外向型（由内而外）开放式创新。内向型开放式创新包括开放公司的创新流程，以便获取来自外部的各种想法。开放式创新的这一方面在学术研究和行业实践中都受到了最大的关注。欧洲核子研究中心等大型研究基础设施作为大型网络的枢纽，有效地体现了许多这方面的实践。例如，大型强子对撞机的成功建造和运行及该举措所带来的显著科学成果都证明了这一点。

外向型开放式创新要求组织允许未被使用和未被充分利用的想法走出组织，供其他人在其业务和商业模式中使用。与内向型开放式创新相比，外向型开放式创新在学术研究和行业实践中都较少被探索，因此也不太容易理解。为了进一步提高科学能力并将欧洲核子研究中心的大型强子对撞机等项目的研究成果商业化，必须确定、探索和实施新的商业模式。这将需要为欧洲核子研究中心制定一套新的制度规则。

开放式创新的制度规则

开放式创新制度与早期的封闭式创新制度大不相同。开放式创新的动力是专业化、通过市场进行合作、知识交流、知识产权和初创企业的建立。大公司在开放式创新中也发挥着关键作用，但这种作用与封闭式创新时代大不相同。

因为有用的知识被假定是丰富的，所以每个开放式创新计划都是从调查已有的知识开始的。开放式创新项目不是重新发明什么东西，而是寻求利用可用的外部知识并对其进行扩展。换句话说，在知识丰富的世界中，创新的价值从发明一项新技术（尽管这些技术仍然很有价值）转变为将技术用新的方法进行集成并应用到新解决方案和新系统中。这种系统集成技能在知识丰富的世界中具有重要价值，并且是大型组织可以在开放式创新环境中发挥的最重要的作用之一。

早期的知识垄断和寡头垄断让位于更加分散的创新劳动分工。大学和研究机构可以作为最初发现新知识的场所。但是，创新链中的其他参与者的工作是选择商业模式，并探索如何最好地应用新知识及随后在新市场中利用该知识。初创企业和中小型企业现在能够发起研究项目，或许可以让学术研究人员作为早期员工提供持续的建议和支持。如果企业能够存活下来，其后来的成功通常是通过被一家大公司收购来增加自己的内部创新活动而实现的。不太常见的情况是，企业通过首次公开募股实现股票公开上市。

知识产权对于技术从实验室走向市场至关重要。例如，新公司的初始组建必须包括为新生组织分配一些知识产权。任何外部资本提供者都会要求对正在商业化的想法提供一些保护。之后对公司的收购将要求获得公司创造的所有知识产权。然而，资本市场需要对应用新的科学发现的潜在市场有所了解。没有这样的了解，有光明前景的科学发现可能被困在有"死亡之谷"之称的学术界和工业界之间。这引发了欧盟对"Horizons 2020"项目的担忧。

尝试新的开放式创新制度

考虑到这一点，近年来，一些参与者开始尝试新型制度或举措，以弥合开放式科学与开放式创新之间的差距。许多创新都是在欧洲率先进行的，可能是因为欧洲决策者现在普遍认为，欧盟与美国存在"创新差距"，因此必须开拓新的进程，以保持经济上的竞争力。

微电子研究中心（Interuniversity Microelectronics Center，IMEC）是欧洲最著名的技术"温床"之一。IMEC于1974年在比利时最古老的大学——鲁汶大学成立，多年来其一直有效地将微电子学和纳米电子学的基础学术研究结合起来，并将其开发成实用的半导体技术，目前世界上许多最大的ICT和芯片公司都在使用这种技术。同样，一些欧洲政府支持专门的国家研究和技术组织，这些组织以私营公司为客户，使用新技术开发特定产品或解决问题。欧洲最大和最著名的国家研究和技术组织是德国的弗劳恩霍夫研究所（Fraunhofer Institutes），该研究所直接与机床、太阳能等行业的专业部门合作。2008年，欧盟委员会启动了一个全新的开放式创新项目，被称为欧洲创新与技术研究所。它将跨国公司、中小型企业、大学和大型财团聚集到一个网络中，覆盖整个欧盟，同时通过大学研究开发新的商业产品，并培养新一代企业家，以便将这些产品推向市场。

其中，最有趣的实验来自由欧洲几个大型研究实验室组成的小组发起的一项新倡议，小组成员包括欧洲核子研究中心、欧洲同步辐射设施和欧洲分子生物学实验室。该倡议名为ATTRACT，旨在与中小型企业、跨国公司和其他私人投资者合作，利用实验室为自己的基础设施开发技术，并将其推向市场，包括世界级的探测器和成像技术，用于保健物理学、高性能材料和突破性的信息通信技术及其应用。这些应用领域中的每一个都代表着非常大的市场，具有不同的驱动因素和监管结构。信息通信技术及其应用是三者中发展最快的行业。在这个行业中，新的创新通常可以在短时间内进行部署和推广。新材料进入大型市场需要更长的时间，因为必须首先经过验证，然后必须尝试多种应用，而最终的市场规模将取决于新材料各种用途的成功。卫生部门是监管最严格的部门，要在该市场取得成功，需要得到行业及监管机构和卫生保健系统管理人员的认可。

ATTRACT 依托赫尔辛基阿尔托大学和巴塞罗那ESADE商学院的协助，充分促进科学社区广泛参与欧洲核子研究中心和其他成员实验室的研究活动。然而，要想在探测、成像和计算等领域实现发现的最佳应用，组织就需要承担风险。同时，组织需要进行大量的试验，以开发可以在商业规模上创造和捕获价值的有效商业模式。开放领域的竞争前研究可以与知识产权的下游转让相结合，这样开放式科学的力量就可以与商业领域的后续风险承担结合起来。欧洲研究基础设施（European Research Infrastructures）、大学、大公司、中小型企业和初创企业都可以发挥作用。通过其设计，ATTRACT 展示了如何将开放式科学和开放式创新相结合，以跨越"死亡之谷"并将许多潜在的新商机带入新市场。

结论

开放式科学的规范促进了最新知识的快速传播，并邀请更广泛的社区参与新知识的发现。这加深了对知识的理解，提高了知识的质量，并有助于知识的传播。然而，开放式科学制度并不一定能保证新知识被有效吸收和商业化。一旦产生了新知识，剩下的创新旅程仍有待穿越"死亡之谷"。创业冒险是必要的，它可以用来定义在像欧洲核子研究中心等地方产生的知识的最有前途的应用，并且同样需要大量的试错来开发可以在商业规模上创造和捕获价值的有效商业模式。开放领域的竞争前研究必须与下游的知识产权转让相结合，以便将开放式科学的力量与承担商业领域的后续风险结合起来。通过这种方式，这些制度将展示开放式科学和开放式创新如何带来许多潜在的新商机。

开放式创新是一个可以将开放式科学的成果在跨越"死亡之谷"的过程中，与更快速的转化和发展联系起来的概念。与开放式科学一样，开放式创新假设在创新过程中广泛有效的了解和参与是充足的。开放式创新将创新成果分配给各种参与者，从大学和研究机构到中小型企业和初创企业，再到大公司。但是，新知识的有效商业化需要开放式创新制度。世界各地都需要一个探索过程，该探索过程为这些制度寻找和定制最佳模式，以满足全球经济的紧迫需求。有用的知识必须被生产出来，接着被传播，然后被吸收并被投入工作中。这是通过开放式科学恢复生产力增长的途径。

但所有这些都假定公司非常了解如何有效地利用创新。对于许多组织而言，情况并非如此。在第四章中，我们将考虑开放式创新的一个被忽视的方面，即所谓的"后端"——通过开放式创新使创新得到增强，进而进入市场的过程。正如我们将看到的，为了使开放式创新为实践它的组织带来积极的商业成效，我们必须克服许多障碍和问题。

第三章要点

1. 开放式科学以所有权换认可，极大地促进了知识在科学家和工程师之间的快速传播。

2. 在科学结果和对于这些结果的商业应用之间存在"死亡之谷"。

3. 从伟大的科学中产生创新需要投资、承担风险，并至少获得一些知识产权，以跨越"死亡之谷"。

4. 社会需要制度来建立强大的科学体系，促进科学的创新应用。这就是开放式创新如此重要的地方。

5. IMEC和ATTRACT等示例展示了如何将开放式科学与开放式创新相结合，以跨越"死亡之谷"，开展有前景的项目。

开放式创新的
后端

第四章

开放式创新确实有助于提升企业绩效。然而，开放式创新仍然是一个过程，只要是过程，其绩效发展就可能受到严重限制。有关开放式创新的讨论通常会忽略这一点。在本章，我们会探讨这些限制。我们将在鲜活的案例中看到这些限制是如何抑制企业从开放式创新中获得商业成效的。我们将思考解决这些限制的方法，从而兑现开放式创新的承诺。

开放式创新过程的限制之一在于它需要时间和资源来评估更多的外部信息。引入更多的外部知识通常会使内部人员承受额外的负担，他们必须衡量外部输入的知识及内部创新活动持续产生的知识的有效性和意义。

更多的投入意味着更多的工作，更多的知识意味着会有更多可行的方法来创建可能运用这些知识的项目，并且或许与更多可能的伙伴展开合作。事实上，我向我的那些具备指数思维的朋友们提供了如下数学见解：比指数函数增长得更快的是什么？是组合函数！这一见解表明，开放式创新过程会带来巨大的复杂性。这会让如今需要完成更多工作的员工感到沮丧（并且他们通常没有额外资源来完成这项工作）。

如果做得太过火，这个问题将变得非常严重。公司通常不考虑其创新过程的能力，而是根据其过程在任何一个时间点可以处理的项目数量来衡量。如果公司在创新过程的开始阶段（所谓的前端）开放其创新过程且不改变创新过程中的后续步骤，结果可能只会造成创新过程中的堵塞。更多的项目进入该过程，真正产出的项目却有所减少。试想一下，一条道路上突然出现了两三倍于平时的车辆，并因此而导致了交通堵塞。过度拥挤不仅不会使创新过程更加有效，反而会减慢整个过程，这不仅适用于开放式创新项目，对所有项目都是如此。

瓶颈限制了能力。创新过程中的瓶颈之一是项目在开发过程中必须使用的所有共享服务。采购部门必须协助项目负责人确定供应商，然后与供应商进行谈判。为使项目符合组织的质量形象，质量部门必须确保项目符合规范与标准。运营部门必须制造或购买项目所需的物品。财务部门必须管理项目的标准成本并向外部客户提供信贷。销售部门必须管理与外部客户的交流沟通。营销部门管理品牌定位并规范公司商标的使用。所有这些服务都在多个项目之间共享，而这里正是开放程度更高的创新项目可能的堵塞之处。[1]

NASA 的开放式创新面临的人为限制

人为因素构成了开放式创新过程中的另一个瓶颈。纽约大学的希拉·利夫希茨–阿萨夫在NASA约翰逊航天中心所做工作为此提供了重要洞见。NASA采用了开放式创新提高效率，其转型结果成了希拉·利夫希茨–阿萨夫的研究依据。[2]

在解决支持和维持载人航天飞行的任务中所面临的一系列问题上，NASA寻求了大量的外部知识贡献者。对于NASA来说，找到提高预测太阳耀斑能力的方法是一项重大挑战。太阳耀斑从太阳表面喷发而出，跃入数百万英里外的太空，在此过程中释放出更多的辐射。如不能及早发现这些太阳耀斑的辐射峰值并采取保护措施，则太空中的人员和设备会受到威胁。

为应对这个挑战，NASA开发了一个预测太阳耀斑发生率的算法，但该算法不是很精准。它只能预测8小时后的未来，而且其实际预测出太阳耀斑的概率约为50%。于是NASA向外界发出挑战，看看是否有人能提出更好的预测算法。最终NASA收到诸多回复（每个回复都需要进行评估），但其中一个被证明胜出一筹。这个解决方案的提出者不是天体物理学家或天文学家。他接受过天气预报方面的培训，从太阳数据中看到的模式让他联想到之前在预测天气时掌握的模式。他的算法将预测窗口提前24小时（提供更多时间采取保护措施），准确率为 85%（错误更少）。对NASA而言，此结果是一个巨大胜利，因为人员和设备的安全在极大程度上得到保障，太空中发生灾难性事件的概率大幅降低。这次，开放式创新在NASA赢得了另一场胜利！

但根据希拉·利夫希茨-阿萨夫的说法，故事并未就此结束。在约翰逊航天中心，评估这些回复的人员都在各自的科学和工程学科领域训练有素，技术精湛。他们是火箭科学家，加入NASA，希望运用其才能帮助人类探索银河系。当NASA实施开放式创新计划时，许多才华横溢的人面临存在危机。正如一位工程师所说："我加入NASA是为了解决太空飞行中真正重要的问题，但现在我正在评估一些其他人的解决方案（他们甚至不是NASA的成员）。这不是我加入这里的初衷。我在一个开放式创新组织中的角色是什么？"

这是开放式创新后端的一部分。仅仅在流程开始时投入一堆新项目和新知识并不足够。如上所述，这只会导致堵塞，并且可能于提高组织绩效而言，效果甚微或没有作用。希拉·利夫希茨-阿萨夫所发现的关于开放式创新如何影响组织文化和个人身份的问题表明，在实现开放式创新所带来的绩效潜力之前仍有很多工作要做。

公司如何实施开放式创新

虽然开放式创新的问题和限制未被作者们广泛讨论，但被实施开放式创新的公司所熟知。加州大学伯克利分校和弗劳恩霍夫研究所于2013

年对公司进行大规模调查，尝试说明许多公司在实施开放式创新时遇到的陷阱。[3]我和我普渡大学的同事萨宾·布伦瑞克（Sabine Brunswicker，之前在弗劳恩霍夫研究所就职）参与了这项调查。

这项调查研究了欧洲和北美洲的公司的开放式创新实践，样本仅限于年销售额超过2.5亿美元、员工超过1000人的公司。我们发现78%的受访公司至少实践了开放式创新的某些要素，我们将其定义为"有目的地利用知识的流入和流出来加速自身市场的创新或扩大内部知识在外部市场的使用"。[4]部分详细结果见附件4.1。

我们的调查结果还表明，实施开放式创新并不容易。开放式创新存在难以克服的障碍，其中，最需考虑的部分是组织内部"筒仓"和公司自己的员工（根据上述NASA的经验）。虽然实施开放式创新为公司带来的新挑战众多，但被视为最难管理的是内部组织挑战。在管理从封闭式创新到开放式创新的过程中，公司需要在内部的不同层级进行一系列组织变革。换言之，若要有效地对外开放，对内开放必不可少。

探索开放式创新的后端

我在伯克利组建了研究团队来探索最初的创新活动如何与创新过程"后端"联系起来。[5]从一开始，我们就着手记录管理开放式创新"后端"的有效方法。如附件4.1的调查结果所示，这是一项艰巨的任务。公司对目前开放式创新的绩效远不满意。内部员工是实现有效开放式创新最重要的资源。然而，一些公司通过开放式创新取得了真正的成功。它们在做什么？从其经验中可以学到什么？

为研究此问题，我们采访了一些以实施开放式创新闻名的公司。它

们分别是SAP、英特尔、EMC和苏格兰皇家银行。

SAP 拥抱开源

SAP也许是欧洲最成功的软件公司。公司总部位于德国沃尔多夫，目前在全球拥有96000名员工。公司拥有庞大的内部研发部门，但公司认为其业务部门并未与正在进行的研究建立充分联系。"其中一些研究本应在大学开展，而非在SAP，"一位经理说，"研究人员只发表论文，而不与我们的公司密切合作。"

为解决此问题，公司最终决定填补研究与业务的鸿沟，从而让两部门在同一个地方进行报告，并让业务部门清楚地向研究人员传达其需求和期望。但是，这导致了一些研究人员的离职。

SAP全球化使得其在全球不同运营地区形成了不同的文化。在SAP历史最悠久、规模最大的沃尔多夫，公司往往更注重内部、层级更分明且开放程度更低。然而，在全球其他地方，SAP的合作方式相当开放。例如，在帕洛阿尔托，SAP拥有一支庞大的员工队伍，他们极易与斯坦福大学、加州大学伯克利分校的学生及硅谷的居民融为一体。

SAP 的开放式创新成功，即与其创新过程"后端"业务部门的有效连接，是基于其开发的版本控制软件实现的。软件不断被修订、改进和更新。为确保正在使用的软件版本是最新的、经过测试的、可接受的且受支持的，跟踪问题出现了。多年来，SAP的内部软件工程师开发了各种工具来跟踪公司庞大软件库的无数版本。

虽然这种做法相当不错，但外部世界在版本管理上也会遇到同样的问题，并提出了显著优于SAP内部使用的解决方案。这就是Github存储库[6]：

构建在用于版本控制的开源工具（"Git"）上，并通过大量资源进行增强，Github存储库允许用户查看彼此、他们以前的贡献和当前的活动（"围绕Git工具的hub"，即"Github"）。这种对分散贡献者的扩展的社交视角极大地增强了协作，而SAP使用的内部SAP工具（一个内部版本被称为"GitGarrett"）无法提供这种视角。

这里体现了不同文化对SAP有利的地方。尽管这需要时间和共同努力，但帕洛阿尔托的"新贵"最终还是说服了沃尔多夫的大型内部团队，将其软件版本管理控制系统移至Github上。公司对结果非常满意：这有助于提高公司内部对开放式创新的认识，也有助于SAP的业务部门看到开发人员和研究人员在其许多贡献中使用的相同信息。透明度的提高有助于公司更快决策，并使项目在开发过程中更快进入市场，甚至节省了SAP维护和更新其内部版本控制工具的成本。目前，这些成本由整个Github社区而非某个组织来承担。

英特尔开放式创新的后端

英特尔是全球最大的半导体制造商，在全球拥有107 000多名员工。英特尔的研究工作始于英特尔的制造工厂，但公司在其创立的前30年中并没有设立单独的研究机构。[7]

最初，英特尔专注于对光刻技术等领域的供应商群体的研究。随着公司业务的增长，研究职能逐渐发展为独立职能，且范围超出了英特尔自己的供应商群体。公司与大学开展了广泛的合作，合作对象包括在半导体研究领域非常领先的学校，如加州大学伯克利分校、鲁汶大学、麻省理工学院、斯坦福大学。它还是许多政府财团项目的积极参与者，包括欧洲委员会内部的开放式创新2.0计划。[8]如今，该公司在美国、欧盟和中国都设有实验室。其当前关注的领域包括用户体验、半导体架构和设计、系统和软件开发、安全和隐私。虽然英特尔的主要客户是系统制造商，但它的大部分研究活动是研究"客户的客户"，从而更好地了解这些新技术领域的市场需求。

近年来，为加强有前景的新研究和技术领域与英特尔业务之间的联系，英特尔创建了名为新商业计划（New Business Initiatives，NBI）的新职能部门。创建NBI的目的是在英特尔内部创造新的增长"种子"，在当前业务部门之外的领域。正如NBI的一位经理解释的那样，"我们的重点是为英特尔开发新业务而非新技术。这意味着我们会特别关注新商业模式。如果我们不掌握这一点，则无益于业务部门"。

为追求新商业模式，英特尔遵循了埃里克·莱斯首创的精益创业流程（有关该流程的更多信息，请参阅本书的第五章）。公司试图让每个业务部门定义其最大的需求和问题，NBI继而在这些需求和问题的直接导向下开展工作。业务部门需要定义其新项目的验收标准，以便NBI团队知晓他们在与业务部门接洽时需要呈现哪些内容。

NBI的观点之一是，它应该首先处理风险最大的领域，从而在大笔资金投入之前迅速降低项目的风险。NBI的另一位经理表示，"我们是资源池"。他说："即使一个项目被转移或终止，我并不会丢掉工作。"这有助于消除团队成员在新项目被取消时面临的个人风险。这是一种重要实践，可以改善创新早期阶段和将创新吸收到业务中的创新后期阶段之间的联系。如果创新经理的工作完全依赖于一个创新项目的继续，那么即使内部业务部门对这个项目表现出很少兴趣或毫无兴趣，"足智多谋"的创新经理也会找出许多继续下去的理由。

在我们进行研究时，NBI团队大约有40名固定人员，根据项目需要有时会利用其他更大团队的人员。英特尔有一个名为FLEX的内部咨询团队，当NBI团队对一些相关专业知识有需求时，他们也会聘请一些外部顾问。这40人的团队可以根据项目需要灵活应变，且无须聘用更多的固定员工。

NBI团队在此过程中选择权相当大。在典型的一年中，团队通常会评估50~100个项目，并开展10~20项调查。其中，5~10项调查将作为正式项目进行，预计其中1~2项将进入市场。近年来，NBI团队在移动、云计算、物联网和数据分析等领域都开展了种子项目。

NBI团队对这些活动有自己的预算，可一旦项目准备转移到业务部门，NBI团队的预算就不足以支持接下来的工作。相反，业务部门必须将一部分预算用于种子项目。这催生出一个在许多组织中都很常见的问题，即业务部门的预算很少有富余。这意味着一个有前景的创新项目在进入市场的道路上可能会有相当大的延迟，因为没有充足的资金支撑其发展。这就是我们在第三章中谈到的"死亡之谷"问题，它存在于单个组织中，介于组织创新过程的前端和后端之间。通常解决此问题的唯一办法是等到下一个财政年度，那时新项目就可以包括在该年度的预算请求中。

在与资金缺口作了一些斗争后，英特尔的高层管理人员决定创建额外的项目预算，专门用于支持项目从NBI团队到业务部门的转移。正如一位经理所解释的那样，"我们已经说服高层管理人员在不耗尽我们剩余资源的情况下提供额外资源。我们已多次尝试，所以现在拥有扩展项目的新机会。我们可以将转让项目第一年的预算发放给业务部门，以帮助它们将其纳入计划"。这有助于解决资金缺口，直到业务部门能够在明年的预算流程中为新项目编制预算。

NBI开发的另一项组织创新是，指派一名曾参与种子项目的员工，将其调至业务部门，为期6个月。这样做是为了更有效地将NBI在研究阶段收集到的知识转移到业务部门。由于大多数NBI员工将在项目正式转移到业务部门之后被分配到其他新项目中，让一名员工全职参与项目将大大加快业务部门对知识的吸收。

这是另一个很有效的做法。一旦创新项目结束，参与该项目的团队便会解散，每位成员都将被重新部署到其他工作中。在几周内搞清楚谁在早期项目中完成什么工作相当具有挑战性，除非有从事该项目并知道如何完成工作及谁完成了这项工作的可用人员，否则关于早期项目的新问题可能很难得到解决。借调一位成员6个月是实现这一目标的好方法。

NBI进一步发现了外部客户的重要性。如果一个项目能够吸引强有力的客户支持，那么当你试图将该项目转移到英特尔的业务部门时，这种支持就会起到很大的作用。毫不奇怪，业务部门喜欢倾听客户的意见，并且项目背后强大的客户承诺降低了业务部门对该项目的业务接受风险。这一推论也很重要。正如NBI的一位经理所说，"如果我们的某个项目无法吸引客户，那么也说明了一些问题"。

EMC 开放式创新的后端

EMC的开放式创新方法始于在公司内部建立"创新网络"。这个网络将公司内部员工与许多正在进行的项目关联起来，这样就有更多的人知道公司内部正在进行的项目。当组织的开放式创新团队看到各式项目时，他们会开始绘制路线图，阐明接下来要发生的事件，以及事件的粗略时间线。当发现差距时，他们会试图通过提出新项目提案来吸引内部员工解决这些差距。EMC的一位经理说："我们会设法让一些人对这项工作感兴趣，然后我们将尝试把这个想法卖给我们的一个业务部门。这听起来有点天方夜谭。"

虽然这很有趣且具有启发性，但团队有清醒的认知。"一旦我们将这些想法推广到业务部门，这些想法会发生什么变化？事实表明，这是我们方法的一个根本缺陷，我们需要从业务部门获得前期支持，以便他们以后对结果感兴趣。"经理评论道。

如今他们颠覆了这一过程。在公司执行副总裁的支持下，开放式创新团队向每个业务部门征求其关键需求和挑战。团队策划这些内容并将其作为挑战发布到内部员工网络。员工自行组织成小团队为这些挑战提出解决方案，后由业务部门对这些方案进行审查。获奖的团队将获得资金从而创造"原型"，提供帮助的业务部门现在也更愿意将其付诸实施。

EMC每年处理大约30个这样的项目。[9]与英特尔一样，该公司也设立了单独的孵化基金，帮助项目从开放式创新网络的早期研发阶段转移到现有业务部门并扩大规模。这有助于弥补当前财政年度的预算缺口，避免了业务部门需要该项目，但在下一个财年将其纳入预算之前缺乏接管该项目的可用资金。

这一过程转变创造了可观的新业务收入，在过去5年给公司带来了数亿美元。这是对EMC内部开放式创新的有力验证。然而，这并不能完全解决公司面临的创新挑战。这一过程强烈地偏向于选择那些对当前业务或当前业务相邻市场而言是增量的项目，而所谓的"空白空间"（包括为公司开拓明显的新市场）却无法获得资金支持。

采用内部风险模式是解决EMC创新活动中"空白空间"的方法。

在这种模式下，选定的员工将被特许在公司现有业务之外成立一家新公司。这些新公司的目标是利用精益创业方法，在新业务领域开发早期原型，并获得早期市场验证。投资准备水平被作为衡量新公司实现目标进展的标准。然而，这些新公司与EMC现有业务的后端整合仍有待商榷，因为根据设计，这些新公司的运营领域与现有业务相去甚远。最终，一些新公司可能会与公司内部业务部门建立联系，而另一些新公司如果分拆给外部投资者，可能会发展得更好。

苏格兰皇家银行开放式创新的后端

苏格兰皇家银行在2008年的金融危机中处境艰难。危机爆发前该公司一直通过收购实现增长，但在危机期间公司遭遇了严重的挑战。英国政府不得不出手拯救该银行，并最终拥有了该公司80%的股份。

危机爆发后的几年里，苏格兰皇家银行重新调整业务重心，解除了许多收购。2008年，该行的业务遍及全球，但其在英国境内主要以零售银行的模式运营。这阻碍了创新的蓬勃发展。

苏格兰皇家银行于2013年更换了领导团队。新的创新方法随这一变化应运而生。该银行目前经营个人和商业银行业务、公司和私人银行业务、公司和机构银行业务。创新再次成为公司新战略的支柱之一。

这种转变恰逢其时。由于金融科技初创企业（行业用语称为"fintech"）的兴起，银行业正经历另一个动荡时期。创新的可能性爆炸式增长：从新货币（如比特币和其他区块链支持的方式）到新渠道（大多数银行功能通过智能手机交付），再到新的P2P借贷模式（如lending Club或众筹）。与大多数零售银行一样，苏格兰皇家银行将大部分资产投资于房地产，拥有广泛的银行分行网络。最近金融科技初创企业的爆炸式增长可能会影响所有这些房地产的效用，因为无分行的银行模式似乎正在市场上获得优势。而去中介化的风险——让合作伙伴绕过你，以你的成本接管你的业务——成为苏格兰皇家银行担心的问题。

苏格兰皇家银行通过改变创新过程来应对这些挑战。该公司并没有避开金融科技的挑战，而是在旧金山设立了一个前哨站，在众多潜在的初创企业中寻找可能成为有益合作伙伴的企业。该公司在以色列也很活跃（此前苏格兰皇家银行对该地区并不感兴趣），与那里的金融科技群体结识。它甚至支持苏格兰的新创企业孵化器。

这些前哨站规模很小（旧金山办公室最初只有两名全职员工），但苏格兰皇家银行利用它们来对其高级管理人员开展关于金融科技给苏格兰皇家银行带来的风险和机遇的教育。银行高管会定期访问这些前哨站。对于苏格兰皇家银行而言，无人可以替代公司的高层领导，他们了解创新的可能性，并为创新所需的实验、风险投资和合作提供资金。

苏格兰皇家银行认识到，把握这些机遇需要不同的内部流程。传统上，如果苏格兰皇家银行想与一个新的供应商合作，采购部门会对该供应商进行资格认证。这需要供应商花费大量时间。当然，这在交易价值高达数百万美元或成果将被用于整个组织的情况下彰显了商业判断的合理性。然而，金融科技领域的新机会最初往往很小，苏格兰皇家银行可能需要大量的试错才能找出其利用新合作伙伴的技术的最好方式。经证明，这一流程对金融科技初创企业而言过于烦琐。例如，苏格兰皇家银行要求所有主要供应商提供的标准合同条款如下所示：如果技术出现问题，供应商需要为苏格兰皇家银行提供赔偿。对于老牌公司来说，这是一个很好的商业惯例。但对于金融科技初创企业来说，一旦出现任何问题，让拥有20名员工的金融科技初创企业赔偿拥有4万名员工的苏格兰皇家银行，这是非常愚蠢的想法。

苏格兰皇家银行在安全领域成功运用了其开放式创新流程。传统的安全令牌使用的是锂离子电池，这种电池价格昂贵，有悖环境可持续性原则，而且能源会耗尽。苏格兰皇家银行与外部安全专家RSA合作，推出了基于软件的解决方案。这次合作最初以失败而告终，但双方坚持了下来，并在以色列成功开发出原型。该方法采用了包括步态分析在内的多因素身份认证，不仅精确度高、成本低，而且更具环境可持续性。苏格兰皇家银行甚至还制作了一个内部视频来宣传这种新方法。

开放式创新后端的常见问题

正如开头所述，仅仅加载创新过程的前端不会创造更多的业务收入。为了从开放式创新中获得积极的业务成效，我们必须考核创新过程的后端。在这些公司中，每家公司都有一个内部版本的"死亡之谷"，它可以阻止技术从创新过程的前端成功转移到将其推向市场的业务部门。审视这四家公司，就会发现一些常见的问题，即大多数公司在试图跨越"死亡之谷"、从"由外而内"的开放式创新计划中取得业务成效时所遇到的问题。

这些问题包括：

- 人员。

- 资金。

- 高管支持。

让我们依次分析。

参与开放式创新过程的人员必须与外部世界建立良好的联系，以便发现公司的创新可能性并将其付诸实践。为了实现这些可能性，这些人员仍然需要与其内部业务建立牢固的联系。这种内外部的双重关注是有效进行由外而内的开放式创新的基础。

那么从何处开始呢？是从引进拥有强大外部联系的人员开始，然后让其了解公司内部人员，还是从一个在你公司有着深厚根基的、认识很多内部参与者的人员开始，然后让其建立更多的外部联系？

在这四个案例中，公司都选择了第二种方式来启动其开放式创新计划。他们发现如果没有强大的内部联系，这些开放式创新者就不能在可能的外部合作伙伴和合作者面前有效地代表公司。而且当项目开始并向市场发展时，获得业务部门的支持（以及最终的预算和人员调动）至关重要。在公司内部拥有广阔人脉的人将更可能获得这种支持。

最有效的办法是先找一个人脉很广的内部人士，然后再找一个能给开放式创新带来强大外部联系的人。只要两人顺利合作，就能给公司开启机会之窗，为公司寻得新机会，同时保持必要的内部关系，以利用这些机会。在SAP的案例中，沃尔多夫和帕洛阿托的不同文化有助于确定有前景的新技术（帕洛阿托），并将其有效地与SAP的核心业务（沃尔多夫）联系起来。这也是戈尔科技最近推出硅谷创新中心时所走的道路：该中心由一位任职多年、人脉很广的内部人士和一位最近聘用的、拥有强大外部联系的外部人士共同管理。

资金是开放式创新取得成效的另一个关键因素。这四家公司共有的一个关键问题是，创新预算和机会之间的不匹配。这些大公司的预算是根据财政年度日历制定的，通常在财政年度开始前几个月，一旦制定，就没有太多的变化空间。与此同时，创新机会会在年度内不可预测地持续出现。在没有足够的资金支撑前，业务部门是无法继续开展一个前途光明的项目的。然而，在下一财政年度开始之前，大多数业务部门都没有足够的预算来消化预期之外的新项目。

英特尔和EMC针对这个预算缺口都采取了应对措施，并专门为填补预算缺口而设立了新的资金池。创新团队无法利用这些资金在前端启动新项目。接收资金的业务部门也不能将这些资金用于满足对其他现有产品和服务的需求。过渡性资金用于在适当的时间转移和扩展项目，然后预算过程可以将新项目纳入周期的下一阶段。

高管支持是开放式创新过程成功的另一个关键因素。高层管理人员非常忙碌，他们需要关注巨大的内部市场及其中发生的活动。通常开放式创新提供的可能性太模糊、太遥远或在最初不具规模，难以得到高层管理人员的注意。

对此，这四家公司都把自己描绘成实现高级管理层目标的杠杆。这一点在EMC的发展过程中表现得最为明显，它从理想化的未来视角（根据自己的路线图构建）转变为基于高级管理层的前期支持来组织活动。苏格兰皇家银行也采取这种方法，为高层管理人员组织学习之旅，让他们看到金融科技的风险和机会。一旦高级管理层了解了全貌，并对如何及在何处开展工作提出了看法，苏格兰皇家银行的前哨机构就有权响应其意愿。SAP Github示例为高级管理层提供了透明度，因此他们可以看到下属看到的内容，使其清晰掌握最优先项目的状态。

全新的业务

我们已经讨论了让在创新过程前端运作的创新团队的活动与将创新推向市场的业务部门的需求相联系的问题。正如我们所见，与第三章中看到的外部"死亡之谷"相似，在这些群体之间存在着内部"死亡之谷"。SAP、英特尔、EMC和苏格兰皇家银行为避免这一内部"死亡之谷"提供了可借鉴的实践案例。

然而，在连接创新过程的前端与后端时仍然存在"空白空间"问题。在这些领域，现有企业可能不太了解机会（因为它们与现有活动相差很远），而高级管理层可能还不太关心（因为最初的市场可能很小或不够明确）。本章考察的四家公司中没有一家能完全回答这个问题。但EMC的内部风险项目至少提供了一条前进路径。如果一家公司忽视了探索"空白空间"的商业实验，那么它就会对"空白空间"的机会和风险一无所知。事实上，只有那些敢于尝试在这些"空白空间"开展业务的人和公司，才能获得必要的知识和视角，知晓是否及何时继续前进。

这就是采用精益创业方法进行创业如此重要的原因。精益方法会将初始费用保持在较低水平，并被设计成在最短的时间内学习最多的内容。它致力于在创新过程的早期帮助企业识别初始客户，而客户确实可以帮助创新部门将其想法跨越"死亡之谷"传至内部业务部门。因此，精益创业过程有必要用单独一章来讲述，即本书的第五章。

第四章要点

1. 创新的结果取决于你完成了什么，而非开始了什么。对商业化创新举措所需的众多流程和活动的过少关注会导致创新通道的堵塞及最终的失败。

2. 许多组织（如NASA）都存在"非我发明综合征"，开放式创新常常被视为对许多技术人员的威胁。

3. 在许多组织中，创新职能与旨在接受创新的下游业务部门之间存在"死亡之谷"。

4. SAP、英特尔、EMC和苏格兰皇家银行等公司已经进行了一些避免这种内部"死亡之谷"的实践。在公司内部创建跨越"死亡之谷"的机制必须拥有人员、资金和高管支持。

✓ 附件4.1：开放式创新实践调查结果精选

在调查中，我们区分了外部知识在企业内部流动的内向型开放式创新和知识在企业外部流动的外向型开放式创新。调查还包括对开放式创新参与者进行金钱或非金钱补偿的实践。在无偿的内向型开放式创新中，企业获取外部知识而不需要对外部想法和贡献付费，如企业通过捐赠等方式自由披露其知识的情况。你可以在图4.1中看到这些实践。

我们的调查显示，内向型开放式创新实践远比外向型开放式创新实践更为普遍。在这些公司中，内向型开放式创新项目平均占35%。只有约8%的项目被纳入了外向型开放式创新项目。

正如我们所料，并非所有这些实践都同等重要。我们邀请受访者对2011年不同开放式创新实践的重要性，以及2008—2011年其重要性的变化进行评分。我们也邀请他们评估了10种不同的内向型开放式创新实践和7种不同的外向型开放式创新实践。为确保全面了解情况，实践中既包括传统做法（如研发联盟），也包括新兴实践（如众包、开放式创新中介、向公共或非营利组织捐赠）。

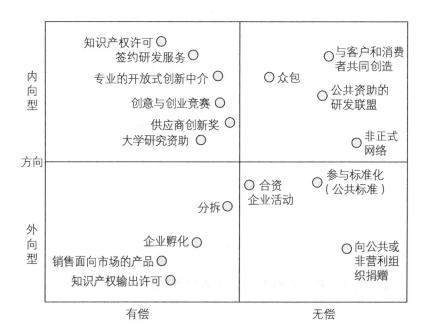

图4.1　开放式创新分类

图4.2显示了2011年不同内向型开放式创新实践重要性及其在2008—2011年的变化。对大型公司而言，所有的内向型开放式创新实践都具有中等重要性（2011年的平均重要性得分3.53分，1＝不重要，7＝非常重要）。平均而言，2008—2011年这些实践的感知重要性略有上升（平均得分4.14分，1＝显著下降，4＝没有变化，7＝显著上升）。

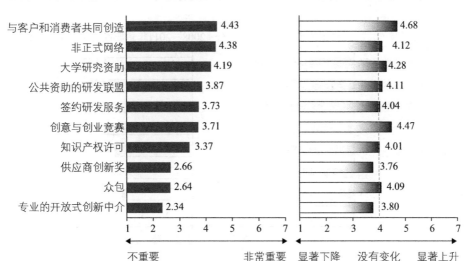

内向型开放式创新实践　2011年的重要性（平均得分）　2008—2011年重要性变化（平均得分）

图4.2　内向型开放式创新实践：2011年的重要性及2008—2011年重要性变化

在内向型开放式创新实践中，与客户和消费者共同创造被认为是最重要的实践之一（在7分的量表中为4.43分），2008—2011年其重要性也在不断上升。非正式网络和大学研究资助排名第二和第三。另一方面，众包和专业的开放式创新中介的重要性最低。2008—2011年，专业的开放式创新中介的重要性略有下降（2.34分）。除了与客户和消费者共同创造，我们的受访者还表示创意与创业竞赛的重要性也越来越高（4.47分）。

图4.3显示了2011年不同外向型开放式创新实践的重要性及其在2008—2011年的变化。对大公司而言，外向型开放式创新实践的重要性弱于内向型开放式创新实践（外向型开放式创新实践的平均得分3.25分，内向型开放式创新实践的平均得分3.53分）。然而，我们注意到，在过去几年中，人们对外向型开放式创新实践的兴趣略有增长。平均而言，2008—2011年受访者对外向型开放式创新实践的感知重要性有所上升，

其中，合资企业活动最受好评（平均得分4.21分）。

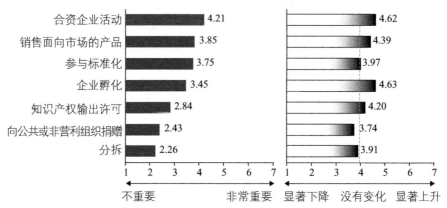

图4.3　外向型开放式创新实践：2011年的重要性及2008—2011年重要性变化

合资企业活动是评分最高的外向型开放式创新实践（平均得分4.21分），过去3年中其重要性不断上升（平均得分4.62分）。销售面向市场的产品和参与标准化分别位列第二和第三。向公共或非营利组织捐赠和分拆最不重要。在过去3年中，这两种做法的重要性甚至有所下降（2008—2011年重要性变化的平均得分分别为3.74分和3.91分）。相比之下，企业孵化（平均得分4.63分）及合资企业活动在一定程度上受到了实施开放式创新的公司的更多关注。

除了实践，我们还调查了在创新活动中使用的合作伙伴类型。我们要求受访者评价2011年开放式创新活动中每个潜在合作伙伴或合作来源的重要性。我们再次采用了七分量表。图4.4显示了受访者对12种开放式创新伙伴平均重要性的评分结果。

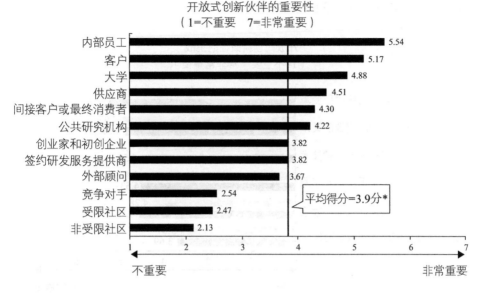

图4.4 开放式创新伙伴的重要性

受访者认为内部员工是最重要的。再看外部的开放式创新伙伴，我们发现客户、大学、供应商、间接客户或最终消费者（B2B公司）的重要性都高于平均水平。相比之下，竞争对手和受限社区与非受限社区的重要性最低。

在利用开放式创新时，大公司面临着一系列约束和挑战。为了探索这些具体的挑战，我们向高管介绍了他们在开始使用开放式创新时可能面临的主要挑战；然后，要求其评估当今的主要挑战和制约因素。图4.5展示了公司在开始进行开放式创新时以及现在对每个特定挑战的重要性的看法。

一般来说，公司倾向于认为最重要的挑战是管理组织内部变革（开始5.6分，现在5.26分）。请注意，这与图4.4中报告的内部员工的重要性完全一致。管理与创新资源的关系也是相当重要的挑战（开始4.97分，现在4.89分）。受访者似乎最不关心避免未经授权使用外部或现有知识的问题（开始3.61分，现在3.69分）。

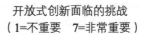

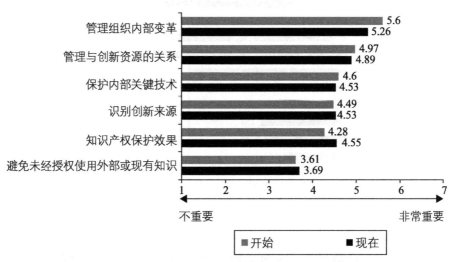

图4.5 开放式创新面临的挑战：从开始到现在

同时，我们也调查了公司对开放式创新实践的满意度。受访者被要求评估他们对2008—2011年开放式创新实践的满意度（1=高度不满意、4=比较满意、7=高度满意）。平均满意度为4.68分，表明公司对开放式创新的态度较为积极。超过44%的公司给出了5分，超过16%的公司给出了6分或7分（见图4.6）。

结果表明，公司对开放式创新实践相当不满意。即使那些开放式创新实践更密集的公司，其实践的平均评分也仅略高于4分。尽管这些不冷不热的看法确实存在，但公司无一放弃开放式创新的事实表明，公司仍在学习如何通过开放式创新获得更好的结果。已在较长一段时间内实施开放式创新的公司确实显示了对其实践的较高满意度，但显然还有改进的空间。

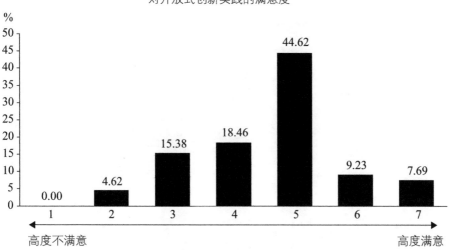

图4.6 对2008—2011年开放式创新实践的满意度

　　最近关于开放式创新的学术研究强调了非金钱或"自由披露"的知识交流的作用。不过我们的调查发现，至少对于大公司而言，这些实践来源是最不重要的。同时，与提供知识相比，大公司似乎更愿意接受"免费"的知识。开放和受限的创新社区与众包也吸引了很多学者的关注，但调查结果显示了它们较低的重要性。虽然我们预计这些实践的重要性会随着时间的推移而上升，但其起点非常低。而且公司对更成熟的开放式创新实践（如通过与大学和研究机构合作的方式）并不完全满意。调查结果还表明，软件工具和其他研究资源的开放式创新供应商需要更加努力地工作，以提高大公司对使用这些资源的满意度。

精益创业和
开放式创新

第五章

精益创业对于创新领域来说是一个相对较新的概念，对于企业创新领域来说更是一个新概念。它基于埃里克·莱斯的开创性工作，并重新定义了初创企业创新失败的原因。这在莱斯的开创性著作《精益创业》中得到了最清晰的记载。[1]莱斯将丰田生产系统中的精益思想应用于初创企业，史蒂夫·布兰克（Steve Blank）也在其中扮演了关键角色，我将在下面进行讨论。

精益创业的核心观点是，大多数初创企业失败的原因并非产品开发不佳。大多数时候，初创企业能够解决开发新产品（或新服务）的技术性问题和运营挑战。相反，这些初创企业失败的最常见原因是客户对新产品缺乏接受度。然而，大多数初创企业没有为它们的产品开发市场，测试和验证仅仅停留在产品本身，没有拓展至具有关键里程碑意义的环节。

给初创企业的传统建议是编写一份涵盖每个业务领域的商业计划书。一旦该计划书完成，初创企业就会被建议遵循该计划书，在新信息到来时更新计划书，并推出计划书中指定并随后开发的产品。从本质上讲，初创企业被建议像大公司的小版本来实施创新。

但是莱斯认为，这与精益哲学完全相反。受丰田生产系统启发的精益思想与减少工业过程中的浪费有关。莱斯观察到，对于初创企业来说，最浪费资源的做法是开发一种没人愿意购买的产品。精益方法仔细确定产品中能够迫使客户购买该产品的最小功能集，然后将产品开发过程的重点放在创建这组功能集上。这产生了精益创业中的一个关键概念，即最小可行产品（Minimal Viable Product，MVP）。

MVP 的根源可以追溯到敏捷软件开发。在敏捷软件开发中，复杂代码的创建逐渐从瀑布开发模型中转移出来。在瀑布开发模型中，开发人员制定产品需求规范，将其冻结，然后开始软件编码。一旦代码符合刚制定的需求规范，流程就会测试软件的质量和客户接受度，然后才考虑在下一个开发周期对代码进行修订。请注意，在瀑布开发模型中有一个隐藏的假设：客户知道自己想要什么（因此产品需求规范存在），我们只需要为客户开发产品。还要注意的是，在代码开发过程中没有学习的环节。唯一的反馈出现在每个周期结束时。

近年来，这种瀑布开发模型已经让位于敏捷开发模型。在敏捷开发模型中，开发人员创建初始需求规范并在"冲刺"（Sprint）中编写代码以满足规范（通常以1~2周为周期），然后立即与用户和客户共享以获取反馈。此反馈被用于对初始需求规范的细化，随即另一个冲刺开始。这创建了一个迭代的反馈循环，使开发人员能够更快地了解用户和客户真正想要从软件中获得什么。当客户看到实际代码时，他们通常会做出令人惊讶的反应，或者意识到新的需求/好处，或者重新定义早期的需求/好处。可以证明的是，只要客户事先不完全清楚他们对复杂软件的需求，敏捷方法就会比瀑布方法更快地帮助开发人员收敛至客户所接受的产品。这就是与精益方法的联系：敏捷方法使用更少的资源，并且比早期的瀑布方法更快地收敛至可接受的解决方案，大大减少了浪费。

我在伯克利大学的一位同事史蒂夫·布兰克为精益创业添加了一个关键概念，即客户开发。[2]正如必须开发产品一样，初创企业也必须识别并寻找愿意且能够购买其产品的客户。虽然莱斯的书建议初创企业在这个过程的早期就获得市场验证，但布兰克想出了一个系统的过程来实现这一目标。为此，布兰克开发了一个四阶段流程：

- 客户发现。

- 客户验证。

- 客户培养。

- 公司组建。

客户发现：在布兰克的构想中，客户发现阶段至关重要的是走出大楼去识别客户。使用 MVP 作为工件，初创企业将尝试获取承诺会购买该产品的潜在客户。关键是，只有收到一个来自实际客户的实际订单时，企业才可以离开这一阶段。请注意，与传统的瀑布开发模型相比，在此阶段，销售活动来得更快。初创企业还需要在内部创新过程的早期阶段具备销售能力。该阶段与敏捷方法非常吻合，因为客户在承诺购买之前通常需要对 MVP 进行更改（并且这些更改需求通常只有在初创企业要求客户购买之后才会出现）。初创企业必须快速地根据客户需求对产品进行更改，以交付给客户并完成销售。如果客户仍然不愿意购买，初创企业可以再次修改产品，或者在下次尝试不同的潜在客户。

客户验证：一旦收到初始订单，客户验证过程就会开始。在客户验证阶段，初创企业寻求其他也愿意购买产品的客户。一旦有多个客户并收到多个订单，验证阶段就完成了。在这个阶段，企业已拥有多个客户，并正在寻找一种可以将客户连接在一起的通用模型。企业现在就可以确定其产品的细分市场了。

客户培养：在客户培养阶段，企业正在构建销售流程，以可靠地复制验证的结果并了解在该细分市场进行新销售所需的成本和时间。如果向客户销售的成本太高或花费的时间太长，那么初创企业可能会尝试不同的分销渠道。

公司组建：在公司组建阶段，初创企业已拥有了销售产品、扩展业务和快速扩大客户群所需的信息。经过了客户验证和客户培养阶段，初创企业不太可能在错误的细分市场或分销渠道上浪费时间和金钱。而过早扩张是另一种产生大量浪费的方式，因此非常不符合精益的概念。

精益创业如何在大公司内部运作

精益创业的基础工作源于初创企业的环境。最近，人们开始在大型成熟公司中应用这些概念，而大型成熟公司的环境与初创企业的环境完全不同。在我看来，像莱斯和布兰克这样的精益创业先驱实际上低估了环境的不同。告诉初创企业要像大型成熟公司的小版本一样行事（例如，制订和执行商业计划）是错误的，告诉大型成熟公司像初创企业的大版本一样行事也是错误的。

史蒂夫·布兰克对初创企业和大型成熟公司之间的差异提供了非常有用的见解。在他看来，初创企业是一个寻找可扩展商业模式的临时组织。[3]一家大型成熟公司已经找到了自己的商业模式，并且已经对其进行了扩展。所以大型成熟公司专注于执行它之前发现的商业模式。正如我们将看到的，寻找新的商业模式和执行现有商业模式之间的差异解释了为什么大型成熟公司不能（也不应该）单纯地模仿初创企业的行为。

第一个关键差异是，初创企业其实本质上是拥有单一项目的组织，而大型成熟公司有很多项目，而且必须在一系列项目中合理分配资源和注意力。在多个创新项目之间分配资源没有单一的最佳方法，但随着时间的推移出现了一些启发式方法。麦肯锡提出了地平线1、地平线2和地平线3的时间范围的概念，并认为公司应该在这三个时间范围内分配其创新预算。地平线1是下一个产品（在当前市场），地平线2是下一代产品（在当前市场或邻近市场），地平线3是长期的新产品和/或新市场。谷歌公开表示，它遵循70/20/10原则，为核心项目、相邻项目和转型项目分配资源。[4]

这种70/20/10的资源分配原则的一个关键因素是，公司必须以自上而下的方式给三者分配资源，然后随着时间的推移持续保持这种分配。也就是说，组织不得动用地平线2或地平线3中的项目资金来弥补地平线1中项目的资金短缺。如果不坚持这一原则，可能的结果是，地平线1中的项目将从更不确定、更长期的地平线2和地平线3的项目中夺走资源。随着时间的推移，资源分配不当会降低公司的增长率，因为它正在耗尽其未来的短期资金。

地平线1中的项目之所以排挤其他两个地平线中的项目，是因为这些项目具有许多数据优势。它们更接近核心业务、客户和市场，而这是众所周知的。客户的需求和竞争对手的情况已被充分掌握。有关定价、销量和市场占有率的数据基于公司运营历史，而不是猜测。所有这些优势使得地平线1中的项目的商业论证似乎比用于支持地平线2或地平线3中的项目的商业论证的"猜测"更可信。更高的可信度导致许多公司将资源过度分配给近期的增量项目，而牺牲长期、更具潜在价值的项目。需要注意的是，初创企业没有核心业务，所以也不需要担心这些问题。

初创企业和大型成熟公司的第二个关键差异是，大型成熟公司拥有现有的商业模式，并且经常寻找适合该商业模式的机会。[5]大型成熟公司回避可能会破坏其当前商业模式的机会，而初创企业没有现有的业务或商业模式需要保护。大型成熟公司必须保护其现有业务，即使它正在寻求新的商机。

在公司环境中重新思考精益创业

这些差异对精益创业产生很多影响，所有这些都意味着在大型成熟公司内部运用精益创业比在初创企业内部运用难度更高。在这里，我们主要关注三个概念，尽管在实践中还有更多。

第一，考虑MVP的概念。这是精益创业中的一个重要概念，有助于在布兰克的流程中执行客户发现阶段。然而，对于重视制造和质量的组织来说，MVP听起来像一种"快速而肮脏"的方法。团队努力工作（使用六西格玛、全面质量管理和其他技术），在大型成熟公司流程中培训这样的"垃圾"（MVP）。团队寻求消除这种"快速而肮脏"的原型设计。同样，团队确保自己不必支持正常质量控制流程之外的开发领域中的东西。但是，在精益创业倡导者的许多著作中，这种根本性的矛盾并没有得到承认。

第二，考虑客户发现的概念。这要求开发人员直接与可以做出购买决策的客户交谈，获得直接反馈，确定所需的更改，并快速学习和迭代，以开展最重要的初始销售。我接触的每个大型组织中都有一个销售职能部门，部门人员认为这个概念对公司当前季度或年度的销售及他们自己的销售佣金都是极其危险的。他们会坚持阻断跟客户的联系，避免一个可能永远不会批量构建的"天上掉馅饼"的原型分散他们的注意力，或者更糟糕的是，给客户一个推迟当前购买的理由。同样，精益创业的追随者从未讨论过这个问题。

第三，考虑采购部门的概念。在一家大型成熟公司，采购部门的衡量标准是削减成本、缩短交货时间和管理关键供应商的供应能力。在精益创业过程中，开发人员通常需要与单一来源的供应商合作（尽管处于试点规模），并且更关心快速学习而不是少量投入的成本。采购部门将坚持遵循公司对可接受供应商的政策，并希望参与和这些供应商的谈判。这是失败的关键。据我所知，没有一个采购部门是以其学习速度来衡量的。当采购部门参与精益创新计划时，任何尝试实施精益创新计划的公司都将不可避免地陷入困境。

我们还要考虑其他方面，如是否在精益创业的早期阶段使用大公司品牌（"品牌警察"拒绝在未经验证的 MVP 上冒险使用该品牌）[6]，或者是否在精益创业过程中使用不同的（通常是相互冲突的）分销渠道。这里的关键点是大型成熟公司的环境与初创企业的环境明显不同，因此精益创业方法必须非常谨慎地适应企业环境，以避免上述障碍。可以这样思考差异：一家初创企业为了在市场上实现产品与市场的匹配而进行了一场战斗。企业在两条战线上展开战斗：一条战线上，像任何其他初创企业一样面对市场；另一条战线上，还需要面对企业的内部斗争，从而获取必要的内部资源以进行外部斗争。[7]

另一种表述方式是，大型成熟公司内部有效的精益创业过程既需要仔细的自下而上的设计，也需要深思熟虑的自上而下的协商。精益创业人员在自下而上的部分做得很好，但迄今为止，他们皆疏忽了公司内部自上而下的部分。为了发动内部斗争，项目负责人必须"更上一层楼"（引用布兰克早先的警告）。

开放式创新对精益创业过程的贡献

开放式创新非常符合精益创业背后的思想。开放式创新有一条"由外而内"的路径，也有一条"由内而外"的路径，这两条路径可以让创意进入市场。与精益创业方法一样，开放式创新还承诺减少浪费，加快上市速度。这些好处源于开放式创新模型的由外而内分支。当在新项目上与外部参与者合作时，创新公司可以"从中间开始"，而不是从头开始。这意味着创新人员可以使用合作伙伴已经开发和展示的内容。在开发之前出现的所有"死胡同"都与创新人员无关，创新人员所做的进一步开发建立在已经取得的成就之上。这节省了进入市场的时间和金钱，确实是一个非常精益的结果。

与采用开放式创新的大学合作遵循这种精益模式。大学拥有大量的实验室和设备来进行广泛的科学实验。大学还拥有才华横溢的研究人员及有能力的支持人员来管理实验室和原材料，分析实验数据。开放式创新合作人员可以借用这些资源，而不必预先支付全部成本——精益节省。从本质上讲，当你说服合作伙伴与你合作时，你正在使用其他人的资金（以及员工和其他资源）。

自 2003 年我的书《开放式创新》出版以来，许多公司已经开发出复杂的方法来搜索和寻找有用的外部技术。其中最著名的是宝洁公司的"联发"项目，但现在有数百个这样的搜索和寻找流程被世界各地的大公司广泛使用。众所周知，在开放式创新之前，实验室就是你的世界。今天，随着开放式创新的出现，世界变成了你的实验室。

但是，创新人员必须仔细考虑合作的业务层面和技术层面。一个著名的例子是，IBM的个人电脑业务最终因与英特尔在CPU上合作、与微软在操作系统上合作而被掏空。与合作伙伴分享合作的部分收益是必要的，但同样必要的是考虑如何随着时间的推移维持自己的地位。这需要设计某种商业模式。精益创业提供了一种很酷的方式来设计、开发和测试商业模式。这使得精益创业成为开放式创新概念的重要补充。

开放式创新的第三个好处也是精益创业中没有的好处是，能够与其他方分担项目风险。一些公司创建了协作室（Colaboratory），一个供外部各方（有时包括客户）来到这里与内部员工共同开展新项目的物理空间。[8] 其他一些公司利用有奖竞赛来为困难的技术问题寻求重要的解决方案。还有一些公司（如 Threadless 或 Quirky）则采用众包来选择最具吸引力的设计或产品。[9]只有当提供令人满意的解决方案时，创新人员才会付费。尝试是免费的，提供解决方案才需要付费。所有这些机制的共同点是，项目成功的风险至少有一部分是由其他人承担的，而不是由创新公司自己承担。同样，这是一个非常精益的结果。

在 Threadless，精益思想中"只生产人们会买的东西"得到了很好的体现。Threadless客户投票选出他们最喜欢的 T 恤设计，每周前10名设计会被该公司制作出来。真正聪明和精益的是，公司已经为这10种设计选定了客户，即最初投票给这10种设计的人！这有时被称为"预采购需求"。它实际上比经典的精益创业方法更进一步，因为在 Threadless，客户设计了要测试的初始 MVP。

当客户不知道他们想要什么或他们真正的需求是什么时，这种分担风险的能力在精益创业过程中也特别有价值。在精益创业过程中，这是地平线2和地平线3项目中最为典型的。在这种情况下，让合作伙伴、客户和其他第三方（如众包过程中的参与者）参与进来是获得有用知识和反馈的有力方式，并提高了创新公司向其客户提供产品或服务的可能性。使用"其他人的钱"可以降低创新人员的财务风险，并使创新人员与其他相关方保持一致。

精益创业过程中的外向型（由内而外）开放式创新

开放式创新的另一个分支是由内而外的，即允许未使用和未充分利用的想法与技术走出公司。开放式创新的这一分支经常被忽视，但它对于公司环境下的精益创业过程尤为重要。

利用由内而外的开放式创新来分担风险的一种方法是将未使用和未充分利用的技术对外开放许可。从此类许可中获得的任何收入都可以抵消创新产品和服务的部分成本。更巧妙的是，向主要供应商和/或主要客户开放许可也可用于谈判，可以在公司的跨多种产品业务中获得更好的价格和条款。在某种程度上，受许可方可帮助公司支付所使用技术的持续维护和支持费用。

公司甚至可以有选择性地开放许可，从而在保留所需的知识产权保护的同时，从该知识产权的非竞争性使用中获得额外收入。这被称为按使用领域许可。例如，一家制药公司可以许可其化合物的农业用途，同时保留该化合物所有医疗用途的专有权。或者可以为消费品使用提供商标，同时保留该商标在企业应用中的独家使用权。媒体内容通常以这种方式包装，而不同的分销渠道可以在不同的条款和条件下访问该内容。

不过，由内而外的开放式创新可以更进一步。当允许另一个组织使用公司的想法或技术时，公司可以观察该组织如何使用。在大多数情况下，它们会将想法部署到具有不同商业模式的新市场，采用与公司截然不同的方式。这可以被视为免费的商业模式研究，展示了适合公司想法和技术的其他可能应用、市场和商业模式（请记住，这些由内而外的项目目前在你的公司中未被使用或未被充分利用）。因为这涉及真实的公司向真正付钱的真实客户销售产品，所以公司将获得与精益创业相同的验证。只有在这种情况下，研究才是用"其他人的钱"完成的。这是一个非常精益的结果。

这对水平线3项目尤其有用，因为创新公司可能对最佳应用、市场和商业模式一无所知。即使公司擅长使用精益创业方法，充其量也只是在内部测试少量可能的商业模式。借助由内而外的开放式创新，公司可以通过观察第三方被许可人测试和部署的其他商业模式来增强自己的测试。

Telefonica："精益大象"

大型公司内部有效的精益创业过程的一个例子来自欧洲领先的电信公司之一 Telefonica。[10]巴塞罗那的研发团队尝试使用精益创业过程来加快研发项目进入市场的速度。

作为精益创业的一部分，研发团队专注于其技术的最终客户，而不是为市场包装技术的直接客户。这与研发团队历来在创新过程中所依赖的周密组织计划和预算形成鲜明对比。精益创业还需要 Telefonica 进行深入的文化转型，并需要一个全新的环境来促进创新。

到 2015 年，研发团队已将5个创新项目转移到 Telefonica 内部的业务部门，还有更多创新项目处于不同的发展阶段。与此同时，研发团队正在其他处于地平线2和地平线3的创新领域创造技术机会，如工业物联网、人类行为预测、身份和隐私及网络进化。在任何时候，总有10~15个创新项目处于活跃状态，且有10～15个想法处于构思阶段。

Telefonica 研发团队的目标之一是降低创新项目的风险，并将创新项目转移到运营业务中。Telefonica 保险远程信息处理部门负责人桑乔·阿蒂恩扎·阿雷查巴拉（Sancho Atienza Arechabala）表示："在我们这样拥有强大本地业务部门的大型跨国公司内，将研发项目转移到运营业务中是一件难上加难的事情。如果你在获得显著证据之前尝试这样做，那将是一项艰巨的任务，因为你要与许多有项目的人竞争。一旦你完成最初的上市工作并基于此来改变商业模式，那么商业模式会变得更加强大。"

来自研发团队的苏珊娜·朱拉多（Susana Jurado）表示同意："过

去，我们的创新过程是首先构建原型来验证技术，然后进行试点，在那里我们与客户进行了第一次接触——你可以猜到在大多数情况下发生了什么。我们想改变这种状况，因为在市场和客户方面，我们面临着与初创企业类似的不确定性。"阿提恩·扎（Atienza）补充说，Telefonica 使用传统的创新方法是有问题的，因为为客户找到解决方案所花的时间太长："在创新方面，我们正努力提前三年做好规划。如果你有一个不确定的产品，并试图采用传统方法来利用公司的所有能力，那么对于最初的客户来说为时已晚。"

Telefonica 的精益创业始于对20名研发人员进行精益创业方法论的培训，而这些方法很容易通过外部各方及内部材料和流程获得。在取得一些初期的小规模胜利后，公司将这个群体扩大到了 100 人。这产生了更多的成功案例，并帮助公司创建了修改精益创业的内部流程，以匹配 Telefonica 的管理、资金和流程。如今，公司内部的大部分研发项目都采用这种精益方法，现被Telefonica称为"精益大象"。

精益创业需适应公司

Telefonica 的首席数据官伊恩·斯莫尔（Ian Small）表示，虽然 Telefonica 采用了精益创业，但该方法需要适应大公司："当你在一家大公司时，你不能完全做到精益创业，因为它不能完美地转换——你所处的环境不是创业环境，这个环境中的一些事情可以让你获得力量，另一些事情会让你失去力量——你的市场之路与初创企业不同，因为如果能力允许，你可以充分利用 3 亿名客户的资源。所以你必须适应，而适应就是精益创业公司和'精益大象'的不同之处。"

研发部门内部存在强烈的"非我发明综合征"。许多内部研究人员以前从未与客户互动过。史蒂夫·布兰克"走出大楼"的告诫对这些研究人员来说是一种全新的体验。内向的工程师需要一些时间来学习如何与普通人打交道。玛丽亚·德奥拉诺·马塔（Maria de Olano Mata）指出，当内部研发人员第一次采访客户时，他们会立即询问女性的年龄和收入——这些话题需要仔细斟酌，通常应放在采访的最后。

Telefonica研发部门面临的第三个挑战来自与财务部门共同管理创新预算。传统上，预算编制过程要求研发部门确定具体项目并预估每个项目在下一个财年所需的资源量。一旦双方就总体研发预算和项目清单达成一致，整个财年内的安排就被锁定了。

精益创业的预算机制是截然不同的。资源消耗在项目初期保持在很低的水平（精益思想的关键部分），当且仅当新的、经过验证的学习能证明增加资源是合理的时，组织才会为项目投入更多资源。虽然从直觉上讲是合理的，但对于大公司来说，这是一个令人抓狂的预算编制过程。这些项目全年未被锁定。事实上，项目可以在年中结束，而其他项目也可以在年中启动，这对精益创业至关重要。Telefonica 需要的是批准精益创业项目的资金池，并充分理解这些项目的特性将在本财年发生变化。

第四个挑战是判断"精益大象"在早期阶段有没有能力使用Telefonica品牌。支持和反对使用 Telefonica 品牌的声音都非常响亮。支持品牌被使用的理由包括：如果客户知道 Telefonica 是新项目的幕后推手，那么他们会对新项目做出更现实的评估。反对品牌被使用的理由是"品牌是脆弱的"：建立品牌非常昂贵且耗时，但如果不好的事情发生，品牌很容易就会被快速摧毁。后一种理由引发了关于品牌使用的风险规避心态。在这种情况下，Telefonica 使用了"white box"品牌和"Telefonica

Labs"品牌进行早期测试。

这些适应的发生源于Telefonia从一些早期项目（IAMMY 和 Thinking Things）中积累的经验。下文所展示的项目回顾将说明为什么精益创业需要适应公司。

IAMMY

IAMMY专注于帮助用户控制自己的个人数据。参与该项目的数据创新经理玛丽亚·荷塞·托梅（María José Tomé）说："我们那时并不知道如何在个人数据领域为用户创造价值，但我们想在内部启动一项计划来探索这一点并对其进行构思。"托梅详细阐述了精益创业过程："我们试图了解客户在与隐私相关的个人数据方面的痛苦，包括客户如何管理他们的个人数据、他们的安全感，以及他们希望改善在数字世界中管理个人数据方式的意愿。"这个过程花了三个月的时间，随后原型被开发了出来，其中包括一个装配有不同小部件以激活各种服务的仪表盘。

在这个仪表盘上，项目团队使用了特定用户的真实数据，并向用户展示了如何使用与其健康、通信、社交生活和导航相关的数据。托梅表示："我们想衡量客户是如何使用该仪表盘来确定在哪些领域中他们想要更多隐私或保护的。因此，我们的最终目标并不是部署仪表盘，而是向真正的用户学习。"

一个名为IAMMY的原型／网络应用程序在这个过程中应运而生。用户可以在IAMMY中启用"个人数据（如来自手机的）访问权限，网络应用程序随后会为用户提供有关当地商户的推荐服务，判断用户的健康状况，或基于社交数据帮助他们梳理联系人"。

然而，根据胡拉多（Jurado）的说法，该项目由于多种原因而"失败"："尽管该团队非常出色，且团队成员'走出大楼'并与潜在的受益人群与企业展开了沟通，但项目本身并没有识别真正的痛点。只有识别了真正的痛点，这项技术才是'值得拥有的'。"IAMMY 团队学到了重要的一课：与团队的预期相反，消费者并没有那么关心这些问题。好消息是，他们在项目投入大量开发成本和时间之前，在短短三个月内就学到了这一点。

Thinking Things

另一个精益创业试点项目是 Thinking Things[11]，该项目旨在通过模块化端到端解决方案促进市场转型，提供一种更简单的方式将日常"事物"和物理对象连接到互联网，以构建智能互联产品，而不需要任何编程知识或安装额外的基础设施。该项目团队最初由3人组成。

Thinking Things 是一组低成本的、配备了不同云传感器的模块化"砖块"。这些"砖块"被称为"环境套件包"，其中包括一个带有嵌入式SIM卡的通信模块，[12]一个用于测量空气温度、湿度和环境光的模块，以及一个可以通过微型 USB 驱动器充电的电池模块。人们可以使用这些"砖块"远程控制和管理家中或办公室的温度、照明和湿度，或者在预测不会降雨时打开灌溉系统。

Thinking Things 使用与 Arduino（一个基于易于使用的硬件和软件的开源电子平台）合作开发的开放硬件，以及在欧洲、美国和拉丁美洲地区可用的 2G 网络。Thinking Things 还提供了一个 API，允许开发人员创建自己的物联网解决方案（通过应用程序或在线），模块的可能性从而得以扩展。

Thinking Things 项目背后的想法来自一个愿望——向中小型公司提供价格实惠的物联网解决方案。胡拉多说，有一个需要解决的问题是这个精益创业项目成功的关键驱动因素之一："问题已经被发现，显然需要一种非临时的且不昂贵的物联网解决方案。"技术专家贾维尔·佐尔扎诺·迈尔（Javier Zorzano Mier）说："我们接到了许多电话，并与许多人进行了交谈，他们需要一种方法来轻松构建物联网解决方案。通过与设计师合作，我们找到了解决不同市场问题的方法。"

佐尔扎诺讨论了该项目应用精益创业的方式："我们试图尽快开发原型，尽快找到潜在客户，给他们样品，甚至试图将产品卖给他们。我们尝试了很多不同的事情，并在每个阶段定义和测试我们的解决方案。客户甚至被带入由 3D 打印机和其他硬件构建的实验室，以帮助设计解决方案。""对于我们团队来说，设计出市场真正需要的东西真的很关键。"玛丽亚·奥拉诺（Maria Olano）说。该团队认识到，在早期阶段应用精益创业并与 B2B 客户进行试验的最佳方法是，与五家中型公司测试产品或想法，而不是与一家大公司测试产品或想法，以便"有机会学习而不是将我们的解决方案出售给一个主要客户"。[13]

到 2015 年，Thinking Things 项目已成为一家内部初创企业，跨职能团队致力于完善价值主张并定义通往市场的道路。他们把重点放在与客户一起测试和验证想法上。

佐尔扎诺反思了使用精益创业的挑战："这对我来说非常困难。我是一名技术人员。但随着时间的推移，我开始与客户交谈，并在要问的问题或被问的问题上积累了经验。作为技术人员，我对这些事情并不熟悉。现在，我会和其他同事会面，当我发现他们不习惯这种方法时，我会向他们询问他们的客户及客户的需求。我现在从循证和以客户为中心的角度来处理工作。"

IAMMY 和 Thinking Things 展示了"精益大象"流程中失败和成功的项目案例。前者显示了项目开始时的早期构思阶段，值得称赞的是，该项目在太多时间和资源被消耗之前就已终止了。这在大公司内部可能相当困难。Pet项目开发了强大的内部支持网络，而且在取消之后继续存在。Thinking Things实际上是物联网技术的早期应用，而Telefonica 的"精益大象"流程正在帮助该项目在物联网消费领域找到真正的市场和真正的客户。消费者物联网直到现在（2019 年春季）才找到真正的用途和市场，而早在 2011 年，Telefonica已对它潜在的早期用途展开了研究。

扩大"精益大象"的规模

从2014年开始，创新项目的提交开始向整个CCDO（Chief Commercial Digital Organization）部门（部门人员7000人，占Telefonica 集团总人数的 5%，是研发部门规模的10倍）开放。提交想法的人需要愿意领导相应的项目。这是研发部门识别、吸引和留住公司"内部创业家"的一种方式。如果一个参选者的想法被选中，他就有 90 天的时间与 I+D（创新与发展人员）一起研究这个想法，而不必担心会失去现有的工作。在构思阶段结束时，如果事情不顺利，他们还可以回到原来的工作岗位。"对于像 Telefonica 这样的公司及在 Telefonica 工作的人来说，这是一件大事，"斯莫尔说，"对于'内部创业家'来说，离开工作 90 天很容易做到，但对我们来说，这是有意的测试，看看这些人是不是我们想要的类型。如果他们把所有时间都花在保障饭碗上，那么他们可能不是我们的合适人选。"

事实上，伊恩·斯莫尔言出必行：在给员工的一封日常邮件中，他特别赞扬了一位女士在一个被终止的创新项目中的工作。尽管项目被终止，斯莫尔指出，她的工作非常出色，因此得到了认可，现在她接到了一项新的引人注目的任务。这是在大公司内部管理精益创业的另一个关键步骤。失败是精益创业过程的必要组成部分，早期失败是需要被认可的，而不是让它成为一种负担。当人们的工作被认为存在风险时，他们将选择从事低风险项目和增量项目。人们不会直面最大的风险，而会寻求成功（如保住工作）概率最大的项目。这完全违背了精益创业的原则。

Telefonica 在内部扩大"精益大象"规模时，使用了三个精益创业参考支柱来塑造其创新工作。

1. 从小处着手，目标远大：创新项目必须野心勃勃。它们需要能够带来全球影响力的可能性，以及对日常生活和商业产生影响的潜力。这并不意味着它们会在开始时消耗大量资源，也不代表它们需要从一开始就展现出全部潜力。恰恰相反，项目在生命周期的初始阶段，只需要最低限度的资源就可以运作，然后随着项目的进展和经证实的认知，投资会增加。只有当不确定性显著降低，并且市场机会得到充分验证时，更多的预算才会被分配给这个项目。

2. 快速迭代，以在每个成熟阶段实现效率：这意味着既要减少为时过早、尚不成熟或目的不明确的方案，又要推进那些对外部客户具有强吸引力的方案。因此，在"精益大象"流程中进行的产品投资决策不仅依赖于技术趋势，还依赖于对未来几年数字客户将形成哪些市场的深刻理解。这也极大地改变了这些项目的预算流程，从年度流程转变为里程碑驱动的流程。

3. 快速地失败、廉价地失败，并确保一路学习：Telefonica 现在认为与其投入大量精力和资源来提高几个项目的成功率，不如发射更多的机会探测器，同时通过最小化每个项目的失败成本来降低整体风险。[14]

迄今为止，"精益大象"已经取得了成功。根据计算得出，公司产品上市的速度提高了260%。公司正在进行的研发项目数量增加了45%（研发预算水平与先前持平），但每个项目的支出减少了48%。成本和时间的节省强有力地证明：有效的精益创业流程在充分适应大公司环境后，可以带来丰厚的商业回报。

但公司知道，改变其文化以在整个组织内反映精益思想的任务还没有完成。正如伊恩·斯莫尔所观察到的，"最终目标不是让200人坐在组织的一个角落里思考创新，而是让整个公司的员工都思考创新……在我的部门内部，我们现在了解精益创业和精益思想，但 Telefonica 的 140000 名其他员工了解吗？还没有。当我们经过测试阶段在业务部门扩展产品，然后在市场上谈论学习和适应时，大家还是一头雾水"。[15]

随着时间的推移，这种"精益大象"方法会在 Telefonica 持续下去吗？现在下结论还为时过早。截至目前，"精益大象"也没有花太多钱。如果经济衰退再次袭击 Telefonica（该公司在金融危机期间遭受重创），研发预算可能会大幅缩减。鉴于其较低的成本，"精益大象"方法可能比传统方法更好。但传统创新方法的倡导者也会尽力保障自己的预算分配和工作不受威胁。因此，"精益大象"不能满足于早期取得的成果，而必须在未来取得更多的成果。

结论

埃里克·莱斯和史蒂夫·布兰克的精益创业概念对创业的研究和实践做出了重大的贡献。一些人认为，他们在过去8年为推进这一领域所做的工作比过去20年创业学者大军所做的还要多。正如他们告诉我们的那样，初创企业不是大公司的小版本。反过来，管理大公司运营的商业计划过程对于希望启动新业务的企业家来说是一种糟糕的方式。

在本章中，我得出一个结论：大公司不仅仅是初创企业的更大版本。简单地告诉大公司去"效仿一家初创企业"是错误的。这个建议忽略了一个重要的事实，即大公司已经拥有了主营业务，已经扩大了其商业模式，并做到了以大多数初创企业梦寐以求的规模来执行这些业务流程。这些现有业务及其相关流程为大公司在内部开展精益创业营造了与初创企业完全不同的环境。

在大公司中，精益创业过程需要充分适应公司才能有效发挥作用。Telefonica 的"精益大象"方法是经过公司缜密思考以提高过程适应性的一个例子。它需要改变过程，还需要改变组织文化，甚至需要对组织中常见的思维方式做出调整。开放式创新是这些变化的一个重要方面。和第四章一样，人们必须把目光放长远——超越创新过程前端"闪闪发光"的项目，转而专注于将结果交付到创新过程的后端、业务部门和市场，以保持成功。通过采用适应公司的精益创业方法，创新部门可以找到业务部门需要联系的早期客户，并让他们的项目穿越"死亡之谷"。

第五章要点

1. 精益创业是一个全新而令人兴奋的过程，公司可以通过这个过程发现新的商机和新的商业模式。

2. 正如初创企业不是大公司的小版本一样，大公司也不仅仅是初创企业的大版本。精益创业过程必须进行调整以适应大公司，才能带来效果。

3. 大公司内部的精益创业团队需要与公司高管层进行仔细的内部谈判，同时需要"走出大楼"去寻找客户。

4. 开放式创新可以补充和扩展精益创业过程。两者都能有效地利用资源，但开放式创新同时可以利用其他人的资源并分担风险。

5. 精益创业过程可以帮助内部创新项目克服大公司中的 "死亡之谷"，尤其是当它有助于公司获得新的付费客户时。

6. Telefonica 提供了一个大公司内部精益创业的优秀案例。公司将每个项目的成本降低了 48%，将其上市速度提高了 260%，并在相同的预算内增加了 45% 的创新机会。

与初创企业
合作创新

第六章

创新界近来对初创企业兴趣浓厚。大公司也经常尝试与初创企业合作，从而推进自己的创新议程。例如，在思科（Cisco）担任首席执行官长达24年的约翰·钱伯斯（John Chambers）在其新书《连点成线》（*Connecting the Dots*）中，赞美了初创企业能做到而大公司难以做到的事情。这似乎是一个理想的组合：初创企业的能量和焦点，加上大公司的资源和规模。

然而，尽管钱伯斯充满热情，但这种合作方式仍存在许多陷阱。过去许多公司尝试将二者之间的互补性资本化，却在没有实现其预期后悄然放弃。正如在公司的创新部门和其下游业务部门之间存在"死亡之谷"一样（在第四章中详细讨论过），外部初创企业和大公司之间也存在着巨大的鸿沟。大公司和初创企业的工作方式之间的差距也成了将双方团结在一起的真正挑战。初创企业很难接触到大公司，两者间的文化差异往往会导致误解，不同的组织决策速度也会影响整个过程。

本章将探讨大公司与初创企业合作的机遇和挑战。[1]我们已经在本书中看到，仅仅找到或使用新技术还不够，必须将其转化并吸收到组织中，才能取得真正的绩效。这也适用于与初创企业合作的大公司。在过去几年中，大公司越来越努力地接触创业生态系统。特别是在科技行业中，大公司在追求速度和创新的过程中，创造出与初创企业合作的各种方式。已建立的公司风险投资等模式得到了新模式的补充，而这些新模式似乎能够更好地弥合二者之间的差距（至少在某些情况下如此）。正如我将讨论的，与一家或多家初创企业合作没有普适的最佳方式。相反，你必须选择最符合你的目标的模式。

初创企业为大公司带来的机遇

让我们从创新过程中初创企业给大公司带来的机遇说起。初创企业特别适合产生颠覆性创新。无论是Facebook还是特斯拉汽车公司，往往是在初创时而不是在成为知名公司时，它们构想出创造新市场的"下一个大事件"，并取代各行各业的老牌公司。这也不仅仅局限于几个突出的案例。包括丽塔·麦格拉思（Rita McGrath）在内的一些观察者认为，在许多快速发展的行业里获得可持续的竞争优势已不再可行。[2]我们已经在第一章中考察了技术的快速创新步伐。这些观点表明大公司需要进一步加快自己的步伐，以免在创新竞争中被甩在后面。

近年来，发展飞快的创业活动正在激增。如今，科技公司的创始人能够以比20年前低得多的成本将自己的创意推向市场。此外，一套完整的支持系统（包括孵化器、加速器、法律和金融专家、金融支持者、营销和技术顾问）已准备就绪，可以帮助新企业度过早期阶段。许多公司在考虑与初创企业合作，或者公司内部的企业在模仿这些初创企业时，会忽视周围的生态系统。对于初创企业而言，一个充满活力的支持系统能够使它们比小规模的公司能力更强（因为公司规模小通常暗示着能力一般），这恰恰是因为它们可以利用这个支持系统中的经验和积累的知识。

初创企业不需要大公司的资本。天使投资人和风险投资家有很多，创业孵化器、联合办公空间和政府资助的支持计划也有很多。例如，美国国家风险投资协会（US National Venture Capital Association）报告称，2017年风险投资达到700亿美元。[3]据美国国家企业孵化器协会记录，美国有1250多家创业孵化器，全球有7000多家。[4]如今，也有像Indiegogo或

Kickstarter这样的众筹网站，可以在初创企业筹集任何外部股本之前为其提供种子资本和早期市场验证。因此，在创业者寻找新创业机会时，其可用的资金来源有很多。

除了这些支持机构，如今初创企业的创始人也有机会使用新方法和工具来成就他们的事业。我们已在第五章讨论了精益创业方法。世界各地的商学院都开设创业课程，提供创业诊所，举办创业竞赛。如今许多顶尖商学院的毕业生都放弃了传统的投行或咨询工作，转而自己创业。斯坦福大学2013届MBA毕业生中有18%决定这么做。加州大学伯克利分校的学生至少有10种不同的创业资金来源。美国国家科学基金会通过其创新团队计划鼓励工程师和科学家利用我们在第五章讨论过的精益创业方法将其基础研究成果推向市场。[5]

这种环境催生了大量初创企业，并为市场带来三种后果：首先，公司必须能够筛选、识别和监控比以前更多的初创企业并与之开展合作。在某些情况下，公司希望同时与多家初创企业合作，而不仅仅是一两家。这意味着公司需要跨越更多可能的关系，更快地做出决策。（或者，如果你更喜欢用创业术语表述，公司需要可扩展的参与流程来与多家初创企业合作。）其次，公司必须为初创企业制定有吸引力的价值主张，展示公司将如何为已经获得了独立风投、孵化器和其他支持机构支持的初创企业增加价值。如上所述，认为初创企业只是想要公司投资是错误的。由于其周围丰富的生态系统，任何优良的初创企业都已很容易获得资金了。[6]

最后，公司需要清楚地知道它们想从与初创企业的合作中得到什么——公司的战略目标应该决定其在与初创企业合作时的正确参与模式。没有一种"一刀切"的模式；相反，公司必须为其理想的合作类型选择相应的模式。

与初创企业合作的传统模式：通过股权产生影响

让我们从大公司与初创企业合作时使用的更传统的模式开始。这些模式包括企业风险投资（Corporate Venture Capital，CVC）和外向型企业孵化器。这两种模式都利用公司股权实现大公司对初创企业一定程度上的控制。

企业风险投资

公司参与创业活动的一个明显方式就是为其融资。持有一个有前途的外部初创企业的股权可以让公司密切关注有吸引力的技术和市场。公司持有的股份可以影响其投资组合公司的决策，如果初创企业后来被高价出售或通过首次公开募股（Initial Public Offering，IPO）上市，则公司可能会获得财务利润。在某些情况下，公司风险投资部门利用其作为（共同）投资者获得的良好洞察来完全收购一家特别有前途的初创企业。最近的一个例子就是谷歌风险投资基金Google Ventures对Nest的投资。Nest最终被谷歌以32亿美元的价格收购。

Google Ventures最初投资Nest，可能出于想进入新兴的物联网市场的愿望。硬件在这个市场中扮演着关键角色，但是生产硬件不是谷歌的核心竞争力。然而，也有人预测称物联网将带来前所未有的大量数据，这些数据的挖掘显然对谷歌具有战略重要性。谷歌基于其风投部门对市场更深刻的见解和更好的理解，大概得出了这样的结论：Nest生产的硬件是获取这个前景光明的新数据池的最佳途径。基于这种洞察，谷歌后来收购了Nest的全部股权。

企业风险投资的概念出现于20世纪60年代，此后经历了几次起伏。[7]大多数公司都独家出资创建一个独立的风险实体。大家认为，这种模式可以提供管理团队所需的灵活性、速度和自由度，得以在快速变化的风险资本世界中如鱼得水。然而，与此同时，企业风险投资实体的使命在许多方面都更为复杂。企业风险投资实体不仅追求财务业绩，还应该支持母公司的战略目标（如通过支持初创企业，使其能够为公司现有产品和服务提供补充）。此外，企业风险投资实体还应确定并鼓励在研发和运营方面的相互合作，这似乎对相关方有益。[8]

对于年轻的创业家来说，通过企业风险投资模式与大公司合作是一把双刃剑。虽然大公司的技术和市场洞察可以为其铺平成功的道路，但与行业中大公司的捆绑可能会限制自身的转型，以及与该大公司竞争对手合作或向其出售产品的自由。此外，因为公司议程也会随着时间的推移而改变，最初具有战略意义的投资项目可能在以后变得无人问津。然而，从积极的一面来看，公司的支持可能会提高初创企业在市场上的信誉，或者为初创企业提供接触到行业专家和专业设备的渠道。最近的研究表明，企业风险投资对那些需要专门补充资产和/或在特别不确定的环境中运营的初创企业具有积极影响。[9]

根据美国国家风险投资协会的数据，企业风险投资是当今非常重要的市场力量，约提供了2018年全部风险投资的47%。[10]在中国，企业风险投资额在风险投资总额中所占的比例甚至超过了美国，阿里巴巴、腾讯和百度等公司的风险投资额在有些年份占到了中国风险投资总额的一半。

然而，上述边界条件限制了企业风险投资收割初创企业创新潜力的程度，在这些边界条件下，初创企业接受企业投资者是有意义的。执行企业风险投资程序需要时间——在进行投资前尽职调查、审查潜在的投资候选人、监控初创企业董事会的成本，并讨论可能的退出路径。所需的时间降低了公司与初创企业同步的能力，尤其限制了公司同时与多家初创企业合作的能力。换言之，企业风险投资无法很好地跨越多个初创企业。

外向型企业孵化器

并非所有明智的想法和有前途的技术都出现于自然环境中，某些情况下，它们可能诞生于公司环境中，但并不适用于当前的核心业务或商业模式。为了从这种"不适应"的内部创新项目（也被称为虚假否定或假阴性，正如我们在第二章中所见）中获利，企业孵化器已经成为一种将创新项目作为初创企业推向市场的手段。与独立孵化器非常相似，企业孵化器为初创企业提供资金、异地合作、专业知识和关系网络。其目的是为创始团队提供一个类似初创企业的环境，在这种环境中，突破性创新可以比在缓慢而官僚化的母公司中发展得更好。如果成功，"分拆"出的创新项目将能够独立征服新市场，或者作为一个单独的部门与组织重新整合。正如我们在第五章中所见，精益创业过程是一种严谨且有效的方式，能够探索公司当前业务之外的新商业模式。

一般来说，这些企业孵化器的业绩好坏参半。许多资源都可以共享，包括昂贵的设备和客户来源。拥有内部孵化器可以让那些在业务部门中缺乏天然条件的项目在市场机会变得清晰前继续发展。其弊端是，公司支持可能导致过度保护，这可能增加日后失败的可能性。此外，与母公司的紧密联系往往会阻止孵化器中的初创企业与母公司的竞争对手合作，或者开发出可能扰乱母公司的竞品。

企业孵化器的早期例子发生在1970年的施乐PARC研究机构，其分拆出了3Com和Adobe等成功的公司。同样成功的案例还有成立于1997年旨在将其贝尔实验室的非核心发明商业化的朗讯新风险投资集团，朗讯于2002年年初出售了这颗"隐藏的宝石"，从而满足其对现金的迫切需求。[11]

2014年年中，博世推出了"创业平台"企业孵化器。该孵化器旨在接受来自公司研究部门或其他部门的想法，这些想法因与博世的现有业务缺乏相关性而退出了标准的创新流程。为了促进有前途的想法实现转化，最初的团队会转移到企业孵化器去工作，在那里他们会得到补充服务、指导和资金。如有需要，他们还可以从博世现有的部门和专家那里获得支持。孵化器的目的是促进初创企业的早期市场曝光和转向，并保护其不受公司复杂性的影响。

在博世的初创企业成功度过孵化期并获得市场吸引力之后，它们的目标是将其重新整合到现有的业务部门或在公司内部创建一个新的部门并将其商业化。对于"真正的"不合群者（不适应公司的项目）来说，将其分拆或出售给另一家公司是第二种选择，但总的来说，目的是在初创企业的产品和商业模式准备好扩大规模后，通过重新整合来推动创新。

外向型企业孵化器对于健康的公司创新流程至关重要。它们为技术人员提供了更多机会，即使这些项目与公司的核心业务没有太大的联系，也能够让他们看到其项目被市场测试。但就像企业风险投资一样，启动项目、审查其后续进展并决定是进行合并还是剥离，所有这些都需要大量的会议和时间。扩展这些项目也绝非易事。

与初创企业合作的轻量级模式：按规模打造

近年来，大公司与初具规模的初创企业之间的合作模式如雨后春笋般发展。这些新模式与先前模式不同：新模式通常不涉及公司所有权。此外，这些项目是量身定制的，可以让公司在同一时间接触更多的初创企业。这些项目旨在对现有的初创企业支持生态系统进行补充，但不提供孵化器级别的服务。结果是实现了更轻量级的治理，这一过程可以让公司在与初创企业的合作中加快步伐。更微妙的是，公司放弃了对这些初创企业的控制，同时保留了对其发展的影响。这就是公司如何在与初创企业合作中更快发展的秘诀。这些都是可以扩展的过程。此处的重点是广度而不是深度。

初创企业的视角

许多公司在寻求与初创企业合作时都犯了一个错误，即考虑合作时未能从初创企业的视角出发。合作早期，初创企业担心公司会窃取它们的想法。合作后期，初创企业常常感到沮丧，因为公司总是需要耗时许久才能做出对创业成功至关重要的决策。

对于初创企业而言，一个能够预见和响应问题的初创计划会大大简化与公司的合作。公司通过该计划，能够建立一个旨在与新兴公司合作并在这些问题上部分满足其意愿的连接点。它摒弃了在与大公司的合作中经常遇到的许多官僚程序，如冗长的供应商资格认证流程或严格的认证要求。相反，公司创建了一个更简单的概念验证（Proof of Concept，POC）流程。这种基于项目的方法专注于活动本身，降低了公司的风险，并且不会像企业风险投资那样影响初创企业的进程。这在一定程度上解决了阻碍初创企业对公开合作的担忧。这些轻量级创业项目分为两种类型：一种（由外而内）用于识别现有初创企业中的技术，并评估其对投资方的有益性；另一种（由内而外）旨在搭建一个让其他初创企业使用大公司技术的平台。

由外而内的创业项目

在这种模式中，大公司的重点是通过让多个初创企业详细阐述和传达其想法，从而为自己提供有趣的创业产品或技术。大公司从领先竞争对手中获利，并可以通过外部创业创新将现有业务扩展到"热门"领域。这种模式允许大公司通过其孵化的众多初创企业在多条创新跑道上并行。这可以促进初创企业从彼此身上更快地学习。同时，对投资方（大公司）来说，这可以使它们对新的市场空间展开更深入的探索，而不是仅仅依靠自己的资源。

AT&T的Foundry

AT&T的Foundry是一个很好的案例。这个项目被美国电信巨头AT&T在2011年推出，目前共有五个联合办公地点（四个在美国，一个在以色列）。AT&T的Foundry在包含了27万名员工的复杂常规组织和充满活力的创业世界之间扮演了中间人的角色。

Foundry的工作模式被设计得尽可能与初创企业的行为方式相似。第一步是在各种问题领域征求建议。在"Foundry活动"中，响应号召的潜在有趣的初创企业有机会开展路演并向他人宣传其想法。在大约10%的情况下，初创企业的路演可以促成与Foundry的联合项目，其范围和目标记录在两页的项目文件中。为了快速处理合同和文书工作，每个Foundry都有在快节奏环境中工作经验丰富的律师或外包团队。

Foundry模式的核心是速度。每个项目都有一个固定的12周期限来创建POC。AT&T在这个阶段不会获得股权，也不会要求从这家初创企业获得任何知识产权。在这个阶段，双方未签署任何保密协议。为了在这个截止日期前完成任务，一个由Foundry员工、其他AT&T专家和初创企业创始人组成的联合团队聚集在一起，朝着共同的目标努力，并交付一个可以提交给AT&T常规业务部门的POC。

在大约80%的情况下，由Foundry产生的POC会被AT&T业务部门拒绝。此时，创业者会带着从合作中获得的知识离开Foundry，但仍然拥有自己的全部知识产权和完整的股权。在业务部门运转良好的情况下，传统的合同流程开始。只有这时，初创企业的角色才会转变为业务部门的常规技术供应商，并开展保密协议签署、供应商资格认证和其他所需的流程。

初创企业SundaySky是一个典型案例。在一次Foundry活动中，它对在视频流中插入个性化优惠券的技术进行了路演，SundaySky想采用同样的技术为AT&T无线客户提供个性化的视频账单。于是，SundaySky来到Foundry。12周后，一个联合原型被推出，用于说服AT&T的高管相信该技术的潜力。现在客户可以获得个人电话账单的个性化音频和视频解释。在试点中，85%的客户认为它很有用，而且该技术可以降低AT&T的支持成本。在实验过程中，这个想法的正确性得到证实。AT&T能够在短短12周内完成这个实验，而许多公司需要12周的时间来决定是否要做这个实验！与此同时，这家初创企业仍然可以追求其技术的最初预期市场，尤其是初创企业声誉因为AT&T这个重要的参考客户而有所提升后。

另一个案例是由四人组成的初创企业inucell，他们声称自己知道如何大幅提高AT&T无线网络的可靠性和速度，只是缺乏证明他们想法所需的设备。在为期12周的Foundry项目之后，这项技术的可行性得到了证实，并被应用于今天AT&T的所有网络中。无线网络的速度和可靠性提高了10%，通信塔的过载率降低了30%。

在这两个案例中，AT&T的常规业务部门和初创企业都需要再花费数月的时间来完善源于Foundry原型的最终产品，并将其推向市场。然而，此时间跨度仍比AT&T通常的创新周期短得多。

英特尔在可穿戴技术领域同样对这种方法进行了探索。该公司意识到可穿戴技术正在加速发展，但不知道这些产品需要哪种芯片。为了增强自身的学习能力，英特尔邀请了50家公司进入自己的孵化器，在那里英特尔可以与它们近距离合作、学习。安德烈·马奎斯（Andre Marquis）和玛纳夫·苏博德（Manav Subodh）在他们的新书*Hypershift*中记录了该经验。[12]

由内而外的平台初创企业项目

由外而内的初创企业项目的目标是：为公司获取一种新技术，并把初创企业变成供应商。平台模式颠覆了这一逻辑——其目标是让初创企业利用公司提供的技术来打造自己的产品，为公司拓展市场，这是一种由内而外的开放式创新。如今，平台已经成为一种颇具吸引力的创新模式。平台创新发生于公司生态系统产生互补创新从而加强共同平台时。[13]在理想情况下，大公司成为平台领袖，并从平台上售卖的每项创新中获利，如由苹果iOS和谷歌Android操作系统支持的应用程序经济中，两家公司每年会得到应用程序销售收入的30%。

SAP的创业聚焦计划

软件供应商SAP很好地阐释了由内而外的创新，作为领先的软件供应商，SAP的传统业务是提供软件解决方案，以帮助大公司开展业务。然而，当该公司在2010年年末发布其新产品HANA时，情况发生了变化。该产品基于革命性的内存技术，能够以惊人的速度处理大量数据。值得称赞的是，SAP意识到速度的提升可能会带来其他许多机会，而它自己无法找到所有这些机会。它需要吸引许多初创企业在其产品中使用HANA，以新的、更快的方式服务于市场。SAP希望成为一家能够吸引大量合作伙伴使用HANA的平台公司。

在此背景下，SAP决定在2012年春季的Sapphire客户大会上推出创业聚焦计划（Startup Focus）。SAP领导者认为，他们需要在6个月后的秋季会议之前吸引至少100名开发人员使用HANA，然后再吸引更多的初创企业。这意味着SAP无法与一两家初创企业密切合作。它需要制定一种标准化方法，以便在短时间内达成所需的活跃性和应用规模。

它成功了。两年内1500多家初创企业加入了SAP的创业聚焦计划。其中60%的初创企业来自SAP未曾涉足过的领域，如基因组学、运动分析和定向广告。与此同时，在任何一家初创企业失败时，SAP所面临的成本损失和风险都非常低。每家新公司只需要SAP投入额外的一点点支持，以及对亚马逊AWS云中访问开发系统的额外时间限制。

事实证明，创业聚焦计划取得如此之快的进展，对SAP而言确实是一件好事。SAP花了18个月的时间与另一家大型软件供应商SAS就其第一笔HANA平台交易进行谈判。2012—2013年，近1000家初创企业加入SAP的创新聚焦计划。在HANA还没有被其他大型软件公司所广泛使用时，如此多初创企业的存在为HANA增添了活力，提高了其市场信誉。在SAP还没有拥有很多内部客户之前，这些初创企业说服了很多大公司相信HANA是真实存在的。

有人认为，进行股权投资和成立合资企业的高强度控制策略在这里会适得其反。SAP需要迅速吸引大量初创企业，因此，如果SAP挑选一些初创企业进行直接投资的话，可能会被视为对初创企业"偏心"。如果有一两家初创企业得到SAP的投资，其他初创企业可能会想为什么它们没有得到。事实上，这些初创企业的客户或投资者可能会问：“为什么SAP没有对你进行投资呢？”向参与该项目的所有其他初创企业发出邀请。为迅速实现规模增长，最好避开以上这两类投资。换言之，SAP知道自己在缺乏足够信息的情况下，需要让市场告诉它在哪里可以使HANA发挥最大价值。

图6.1展示了较为传统的模式与一些扩展性较强、涉及初创企业参与的新模式。公司需要回答的首要问题是，它希望通过参与合作实现哪些目标？是想内包外部创新（由外而内的创新），以刺激和产生公司创新，还是想利用创业敏捷性将公司的创新推向市场（由内而外的创新）？是想寻找股权投资所提供的洞察力、控制力和上升潜力，还是想分散风险？图6.1沿着这两个维度说明了四种模式背后的目标。

	创新流方向	
	由外而内	由内而外
股权投资	企业风险投资 参与外部创新的成功，获得对非核心市场的战略洞察	企业孵化器 为有前途的公司非核心创新提供可行的市场途径
	初创企业项目（由外而内） 内包外部创新，以刺激和产生公司创新	初创企业项目（平台） 促进互补性外部创新，推动现有公司创新（平台）

图6.1　初创企业参与模式的类型及其关键目标

股权分割

这里讨论的两个相对传统的模式涉及资产所有权，而两个较为新颖的模式则不涉及。第一种是企业风险投资，购买的是对公司外部的初创企业的影响力及控制力。第二种是企业孵化器，将内部"不合群"的想法或技术衍生出来，创建新的初创企业。这两种模式除投资金额外，还会带来一定的成本。可以将这些额外的成本归结为：搜索和信息成本（包括投资决策之前的尽职调查）、议价成本（包括与创始人和其他投资者的谈判），以及监控和执行成本（如定期的董事会会议和治理活动）。

在企业风险投资中，如果与目标初创企业的合作对公司追求其长期战略目标具有特殊意义和帮助，上述成本则可以被认为是合理的。拥有初创企业的一部分股权及其董事会的席位使公司的风险投资部门可以获得第一手信息，也可以保留对初创企业未来发展方向的话语权。

在企业孵化器中，进行股权投资的理由可能是战略性的，同时存在财务动机。此时，公司的研发部门已经提出了一种不适合当前核心业务的技术或想法（不管出于什么原因）。完成这项发明所花费的成本已经产生了，若有机会能使这项发明在未来产生收入（而不是核销已经花出去的研发费用），公司定会欣然接受。这里，公司面临两种选择：将知识产权出售给另一家公司，抑或投入额外资金将其孵化后在一个有市场前景的阶段分拆出来。[14]对未来的战略布局，如未来将这个项目作为一个新的业务部门重新引入的可能性，往往会影响公司的最终决策。

相比之下，在两种非股权模式中，控制权是次要问题。这些模式的总体目标是帮助公司更快地行动，以抓住环境中出现的机遇。在这里，单个初创企业对公司来说并不重要，但它们集体行动起来甚至可以改变公司的市场地位。增加可供公司使用的（内向型）项目的数量，为公司创造了更多可供考虑的选择。公司技术平台中的初创企业使整个平台能力更强，对公司客户的吸引力更大。

在更高的抽象层次上，传统的创业参与模式基于控制的逻辑。大公司通常渴望从头至尾控制一项计划。然而，这种控制需要付出真正的代价：耗费大量的时间和精力来评估、执行及监控每个初创企业的情况，这可能会使大公司行动更为迟缓，更难适应环境的快速变化。新模式将这种控制逻辑与影响逻辑相权衡——如果初创企业按照我们的条件与我们合作，利用我们的技术和平台，我们便可以在不控制它们的情况下取得成功。当我们需要与许多初创企业合作时，这一点尤其正确。大公司应该认真思考在与初创企业合作时，影响逻辑如何能更好地服务于其战略目标，而不是在所有情况下都坚持对初创企业的绝对控制。

第六章要点

1. 初创企业可以成为实现公司创新战略的强有力因素。但初创企业担心大公司会窃取其想法，也会因为大公司决策的速度太慢而感到沮丧。

2. 初创企业乐于接受来自大公司的资本投入，但企业真正的需求往往是获得公司最新的工具、技术、渠道和客户。大公司有多种资源吸引初创企业——不仅仅是钱的问题。

3. 传统上，大公司采用基于股权投资的参与模式，如企业风险投资。企业风险投资可以发挥作用，但需要花费大量的时间和精力来管理。基于股权投资的模式为投资方提供控制权，但不能实现扩展。

4. 与初创企业合作的新模式使用了影响逻辑，因此大公司可以更快地行动，同时与更多的初创企业合作。新模式放弃了控制，但是对控制逻辑和影响逻辑进行了权衡。

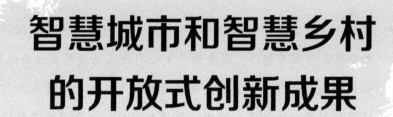

智慧城市和智慧乡村的开放式创新成果

在本书中，我们研究了产生、传播和吸收在从开放式创新中获得真正成果方面的作用。在本章中，我们将在公共领域的背景下考虑这些问题。更具体地说，我们将探讨开放式创新是否能为在公共领域使用它的人带来有益的结果。

智慧城市开放式创新的前景

2009年，美国奥巴马政府的首批行动之一是签署一项行政命令，扩大对美国联邦政府各机构所维护的公共数据的访问。组织开展竞赛活动；征求公民的意见；雇用中介机构，其任务是将有解决方案的公民与有需要的机构联系起来；组织黑客马拉松，以征集有贡献的公民；创建数据网站；发布"美国代码"。美国联邦政府甚至为许多这样的倡议使用了开放式创新的标签。这些工作的重点是一个叫作智慧城市的概念。

智慧城市建立在强大的概念基础之上。理查德·佛罗里达（Richard Florida）等学者已经记录了城市对创新的重要性。[1] 人口的临界数量、城市内人口日益多样化，以及这些城市的连接密度为创新提供了肥沃的土壤。美国奥巴马政府早期的行为旨在提供和扩展这些见解，为公民创建一个更便利、更开放、更易理解的政府。

在那个时期，美国联邦政府的热情与欧洲和北美洲许多主要城市的类似热情不相上下。智慧城市活动旨在吸引创新沃土上的人参与进来，使地方服务和当地决策对公众来说更易获得、更开放、更透明。阿姆斯特丹、巴塞罗那和哥本哈根等城市与美国的纽约、波士顿和旧金山一样，是这场智慧城市活动的领头羊。

智慧城市概念的发展还有另一个推动力：先进信息技术的供应商将

其视为增加产品和服务公共支出的有力途径。智慧城市中的大部分"智能"来自更好的 IT 设备、更好的网络、更好的应用程序和更好的数据管理。从思科、IBM 到微软、甲骨文和 SAP 等公司都可以以智慧城市的名义，向公共 IT 预算管理者宣传其产品。升级城市的基础设施将为实现智慧城市的好处铺平道路，并在此过程中促进产品的销售。

波士顿开发的一款应用程序是一个特殊的例子，说明了更智能的基础设施如何帮助市民从创新中受益。该应用程序跟踪波士顿的交通流量，并为市民提供交通拥堵和畅通的信息。有趣的是，每当某个地点出现交通拥堵时，如果该地点没有已知的道路维修或其他路障，该应用程序就会向该市的道路工作人员发出警报——该地点很可能有很大的坑洼，造成了交通堵塞。这种检测可以引起道路维修人员的重视，在坑洼变得更大之前进行抢修。这些行动将使政府变得有效和高效。

更智能的基础设施的其他有前景的应用，包括智能停车和智能照明。智能停车将通过引导司机找到可用的停车位来增加城市的收入，同时减少司机在市区寻找停车位所花费的时间。智能照明将使用传感器来检测路灯附近是否有人，并在有人时提供照明，以提高安全性，减少犯罪。但是，如果周围没有人，光的亮度就会减弱，为城市省电、省钱。再次强调，结果是，政府变得有效和高效。

智慧城市的成果很少或没有成果

然而，智慧城市活动并没有真正实现它所承诺的结果。在描述欧洲和北美洲8个不同大都市智慧城市活动的论文中，Esade商学院的埃斯特韦·阿尔米拉利（Esteve Almirall）和乔纳森·韦勒姆（Jonathan

Wareham）及他们的同事记录了最初的积极活动浪潮及随后令人失望的结果。[2] 他们发现，尽管许多有价值的实验是出于最好的意图而实施的，但这些努力为这些城市的市民带来的总体结果也是很有限的。虽然现在有更多的智能停车场和更多的智能照明，但这8个城市并没有因为对智慧城市活动的参与和投资智慧城市而发生明显改善。在一些地方，如巴塞罗那，这项活动甚至已经停止，取而代之的是旨在为市民提供更多社会包容性和经济包容性的举措，而无须对技术进行任何进一步投资。

阿尔米拉利、韦勒姆和他们的合著者为这一令人失望的结果提供了许多理由。在本书的背景下，我们可以从产生/传播/吸收的角度来分析这个结果。尽管通过智慧城市活动产生了一些技术可能性（产生），但除了目标城市的少数开发商和爱好者，这些可能性并没有被广泛传播，也没有延伸到目标城市之外（传播）。即使在采取行动的目标城市中，绝大多数市民也完全不知道智慧城市活动的存在。反过来，开发人员发现很少有市民愿意且能自己下载并积极使用智慧城市应用程序（吸收）。

在撰写本书时，几乎没有任何"杀手级应用"能够促使市民访问和下载智慧城市应用程序。事实上，很难在 iOS 系统的应用商店和安卓的 Google Play 上找到这些应用程序，而且在一个城市流行的应用程序在其他城市的使用率并不高，这极大地限制了它们扩展到本地市场以外的能力。因此，结果是只有非常有限的传播量，而没有将效果从一个城市扩展到许多其他城市。除了更多更智能的停车位，很少有东西被这些城市吸收。

新的第二代智慧城市活动正在兴起，前景更加广阔。这项活动更大的承诺的一部分是，城市现在正在采取措施将开发人员与有关每个城市活动和进程的背景信息联系起来，以便开发人员可以开发出反映这一更深层背景的应用程序。这种新的传播方式将帮助开发人员创造更有效和更有用的响应。一个尚未完成的挑战是，为城市数据提供一种通用的数据格式，以便广泛共享，这样，一个城市的应用程序可以轻松访问另一个城市的相关数据，并在那里同样运行良好。一些有思想的城市IT领导者正在将自己的角色演变为数据访问的促进者，以实现更好的吸收。

总之，我们在智慧城市活动中看到了我们在本书中观察到的模式：新技术的产生几乎或根本没有创造商业或社会价值。为了实现这一价值，新技术必须在整个社会中广泛传播，然后必须被吸收到该社会的许多商业模式和实践中。

我们现在转向一项更新的计划，该计划将其中一些技术应用到更具挑战性的经济环境中。它也需要产生、传播和吸收，以实现持久的社会效益。

智慧乡村：将开放式创新的规模扩展到乡村层面

当智慧城市计划在向西方发达经济体的第二代开发和吸收过渡时，一家新的企业寻求采用开放式创新概念，在一个非常不同的环境中获得更好的结果——农村。与欧洲和北美洲的主要城市不同，农村地区缺乏从智慧城市产品中受益的人口密度、财富和基础设施。虽然现在世界上一半以上的人口居住在城市，但仍有不到一半的世界人口居住在农村地区。开放式创新概念在这里可以做什么？

传统的农村发展方法侧重于农村地区收入较低、财富积累较少的问题，并试图通过向这些地区输送政府财政支出和慈善援助来改善当地生活水平。其目的是培养技能，改善当地经济，开启收入增长的良性循环，提高生活水平，带来更好的教育和更好的技能，从而开启另一个改善循环。

　　然而，最近对这些以援助为导向的农村发展方法的评论中发现，这些措施没有达到预期的效果。相反，根据经济学家丹比萨·莫约（Dambisa Moyo）——《死亡援助：为什么援助不起作用及如何为非洲找到更好的方法》一书的作者的说法，传统的援助计划往往会导致意想不到的后果、负面结果和经济增长放缓。莫约认为，援助"未能兑现可持续经济增长和减贫的承诺……它没有达到预期。它仍然是发展议程的核心，尽管有非常令人信服的理由表明，它会延续贫困循环并破坏可持续经济增长"。[3]

　　传统援助的最大问题之一是，它会逐渐造成依赖。莫约写道，针对特定目标的有限援助计划可以帮助缓解重大矛盾，但低收入国家的许多援助是普遍的，而且基本上是持续的。"没有援助可能被削减的内在威胁，也没有总有一天一切都会结束的感觉，低收入国家将援助视为一种永久、可靠、稳定的收入来源，并且没有理由地相信援助会在无限的未来继续下去。人们没有动力进行长期财务规划，也没有理由寻求替代方案来为发展提供资金，而你所要做的只是坐下来把支票存入银行。"[4]

　　援助也会损害原本成功的当地企业，而且自相矛盾的是，会产生更多援助的需求。莫约引用了非洲一家蚊帐制造商的例子，该制造商雇用了 10 名员工，总共可为多达 150 人提供服务。[5]一个善意的发放免费蚊帐援助项目帮助了该地区的一些人，但使这个蚊帐制造商失去了生意，并使他的生意所服务的150人突然依赖援助。此外，捐助者和政策制定者往往基于他们认为的目标社区的需求来提供援助。"因此，依赖援助只会进一步削弱人们制定好的经济和政治制度的能力，无论他们地位如何。"莫约说。[6]

　　然而，莫约写道："在过去的50年里，超过2万亿美元的援助从富裕国家转移到了贫穷国家。"[7]原因之一是，援助计划经常在短期内被评估，这与它们对目标地区长期问题的影响基本无关。"衡量援助有效性的标准应是其对长期可持续发展的贡献，以及它是否以可持续的方式使最多的人摆脱贫困。从这个角度看时，援助没有取得令人满意的效果。"[8]

那么，有没有更好的方式来释放农村地区的经济潜力？

智慧乡村项目

智能乡村项目[9]专注于将印度安德拉邦的莫里村打造成智慧乡村，该邦有6000万名居民，其中，3500万名生活在农村地区。该邦首席部长N.钱德拉巴布·奈杜（N. Chandrababu Naidu）最近走访了这些农村地区，寻求建立一个新的政策机制，以解决村民的许多未满足的需求。在与包括加州大学伯克利分校哈斯商学院教授在内的外部专家协商后，他决定启动一个名为智慧乡村的项目。根据所罗门·达尔文（Solomon Darwin）教授的说法，"智慧乡村是一个由数字技术和开放式创新平台授权进入全球市场的社区"。正如我们将要看到的，该项目主要由私营组织资助，由政府提供领导和支持。这种方法有望提高该项目的可扩展性和经济的可持续性，以满足印度农村村民的需求。

该项目于2016年的夏天在莫里村启动。印度农村村民有许多未得到满足的需求，这一举措旨在创造一个积极的良性循环，提高村民的技能和收入，开放市场，使有能力的村民能够摆脱贫困。

村民的需求

莫里村8000名居民分布在村子的1316英亩（1英亩≈4047平方米）的

土地上。他们中的许多人在种植行业（大米、椰子）和纺织行业工作，其他人则从事腰果加工或芒果、农场虾的种养殖。

农村生活给村民带来了持续的挑战，包括缺乏基本资源，如医疗保健、卫生和清洁用水。例如，村里总共只有大约800个厕所，很多村民只能露天排便，导致蚊子大量繁殖，而蚊子又会传播疟疾和登革热，这两种疾病在热带和亚热带地区非常流行，严重的可导致死亡，目前还没有任何可以预防感染的疫苗。[10]

村里的医疗保健服务有限，而且对许多村民来说，价格高得令人望而却步。根据莫里村一位村民的描述："医疗保健服务很昂贵，但因为我们没有受过教育，我们不能质疑当地村医所说的话。我听说过由于诊断不当、护理不善和缺乏适当的医疗设施，人们的健康状况越来越糟的事情。"虽然莫里村有一家小诊所，但最近的医院距离村子有 25 公里。农村地区有限的医疗保健服务并不是莫里村独有的，事实上，印度 80%的医疗保健提供者都在城市或城市附近。[11]

缺乏良好的经济机会也给村民带来了挑战。例如，一位村民描述了他的工作："我曾经在一家纺织厂做日薪工人，工作条件恶劣，我在那里做全职工作，我每天挣 30 卢比（换算成人民币约2.5元）。"此外，机械化和自动化取代了纺织、陶瓷、手工艺品和金匠行业的许多工作岗位。

在农业行业，村民必须应对灌溉用水无法预测的问题，因此粮食高产很难实现。莫里村有一个闸门系统，可以通过灌溉渠放水，但村民说，当需要用水时，水可能放不出来，有时甚至无水可用。不仅如此，该村缺乏冷藏设施，这意味着村民生产的大部分粮食最终都会被浪费掉。村民也无法获得有关作物市场价格的最新信息，因此作物的销售价格往往低于市场价格。80%的村民租借而不是拥有他们耕种的土地，在支付了种子和化肥等费用后，村民往往难以赚取任何利润。

一些村民希望种植利润更高的作物，而且这里的环境非常适合种植扁豆、花生、芝麻和鳄梨。然而，村民关于如何种植这些作物的知识是有限的，接受教育和获得信息以增加知识的途径也是有限的。此外，收割作物是一项劳动密集型的工作，而劳动力短缺导致找到足够数量的工人变得困难，政府项目使劳动力短缺问题更加严重。例如，莫里村的一个就业项目雇用村民挖掘运河、执行维护工作和其他任务。尽管该项目为村民提供了一些价值，但它并不是可持续的、基于需求的就业来源。而且，该项目还阻碍了村民去农场工作，因为在农场村民要从事体力要求更高的工作却拿到了更低的工资。

其他村民在村里的人工池塘养殖虾，这是一种高利润产品。为养殖虾，需要在人工池塘的水中添加大量的盐，这使土壤盐分增加。土壤中过量的盐分会限制作物吸收水分的能力，从而阻碍作物的生长。[12] 养殖虾的人工池塘必须深挖，这会将盐水吸入含水层，进一步使土壤盐碱化并降低水稻等其他作物的产量。尽管为防止盐碱化危害，政府禁止在稻田附近养殖虾，但根据对村民的调查，仍有人会这么做。

这些挑战导致许多村民离开乡村，到印度的一些大城市寻求更好的生活。像莫里村这样的乡村，劳动力流动不仅造成劳动力短缺，还造成受过教育和有技能的工人的短缺。由于在家乡缺乏机会，许多最有可能改善乡村生活的人正在离开。这种趋势加剧了许多问题，包括缺乏教师和医生。一位医生解释说："这里急需医生，但很少有人愿意在这里工作。我的家人仍然住在城市里。由于缺乏基础教育、医疗保健和卫生设施，他们无法在这里定居。与我在城市医院工作或作为私人医生的收入相比，我在这里的收入更少。"

先前的农村发展项目

印度的莫里村和其他乡村都得到了政府援助，如前面描述的就业项目。另一个援助项目是在学校实施的，所有儿童都可以得到免费午餐，以鼓励出勤。虽然这些项目在短期内对村民有所帮助，但它们并没有为可持续的经济发展奠定基础。例如，就业项目并没有提高村民的知识水平或技能。免费的学校午餐确实可以为可能挨饿的学生提供营养，但如果没有政府资助，这样一个范围广泛的项目是不可持续的。为父母创造经济机会养活自己的孩子，对乡村和政府都有帮助，这可以减少援助支出，同时改善村民的生活。

许多公司都有向发展中国家的乡村捐赠的悠久历史，但慈善捐赠通常与公司的使命或核心竞争力无关，例如，一家石油公司为倡导健康而捐款，但这种影响是不可持续的，公司也没有动力持续捐款。在很多情况下，政府和公司没有让村民参与援助项目的设计，因此，这些项目往往不能解决村民的实际需求（见表7.1）。

表 7.1 以发展为导向的援助与智慧乡村项目的比较

以发展为导向的援助	智慧乡村项目
在大量援助期间，当地物价经常被抬高，许多基本生活用品对贫困的村民来说遥不可及	工作人员最少，对当地价格的影响最小
村民几乎没有或根本没有获得可以帮助他们提高生产力的技能	高度重视技能发展和培训
村民仍然远离市场，所以他们生产的大部分价值都被中间人夺走了	数字技术平台可实现与当地、区域、国家甚至国际市场的直接联系
腐败盛行，减少了实际流向当地村民的资金数额，并造成在援助结束后仍会持续很久的政治障碍	数字技术平台可提高透明度并减少腐败机会
除了直接对接的农村地区，没有办法将成功扩大到任何地区	提供人才和资源的公司正在寻求扩大市场，一旦他们了解村民的需求并愿意为此付费，市场规模就会扩大

以发展为导向的援助	智慧乡村项目
一旦援助结束，几乎没有经济收益	乡村和公司的商业模式是可持续的，因此市场激励措施将维持乡村的活动

智慧乡村项目

智慧乡村一词的含义遵循所罗门·达尔文教授提出的定义。具体而言，达尔文教授指出，智慧乡村满足6个标准。

- 生态系统：乡村利用其资源及周边乡村、偏远地区和其他实体的资源来创造收入并降低成本和风险。

- 经济发展平台：乡村允许外部企业获取并使用其资源，以便企业和村民都能获利。

- 品牌：乡村打造了一种身份，并以其独特的价值而闻名。

- 社区：乡村是村民自我组织的网络，他们通过分享想法、信息和资源进行协作，以建立强大的生态系统。如果项目失败，社区会保留并自我重建。

- 商业模式：乡村通过利用精益和具有成本效益的最先进技术，为村民和村外的其他人创造价值。乡村也能获得它为自己创造的一些价值。

- 可持续发展单元：乡村采用三重底线的方法来运作，关注人、利润和地球。

这一定义是智慧乡村项目设计的基础。虽然首席部长奈杜强烈支持该项目，但他并未为其提供大部分资金。目标接受者是村民自己，而数字技术是项目中服务的交付工具。请注意，与智慧城市不同的是，除了乡村的数字连接，基础设施方面的公共投资很少。[13]

开放式创新所扮演的角色

正如我们在第二章中看到的那样，开放式创新基于这样的一个概念，即在个人的创新过程中利用外部的知识流，并允许未使用的知识流到外部，供他人在其创新过程中使用。在莫里村这样的乡村环境中，参与项目的公司正在寻求为"金字塔底部"[14]创造新产品和服务，同时寻找有效的商业模式来为这些人提供服务。莫里村正是这些公司在探索时使用的经典试验台。这里的村民需求多，资源少，使得公司很难知道他们愿意并能够购买哪些产品和服务。

但如果公司能够识别出这些需求，很可能许多其他乡村（安德拉邦有 40000 个，印度超过 650000 个，发展中国家有数百万个）也有类似的需求及购买能力。本次实验的假设是，莫里村村民与安德拉邦其他村民的需求类似。当公司学会如何以盈利方式满足这些需求时，它们将有动力通过私人市场将这些解决方案扩展到其他乡村，且不需要政府的支持。

智慧乡村项目在试点阶段成功地吸引了40多家公司来到莫里村。然而，这些公司并不是在做慈善。它们对小企业进行投资，以了解村民对它们可以提供的产品和服务的需求。重要的是，这些投资将揭示村民认为有价值的产品和服务，且该价值足以促使他们愿意为此支付金钱。这是我们在精益创业的商业模式创新方法中发现的一种商业模式，本书第五章对此进行了探讨。[15]

这些公司选择免费向乡村提供资源，或者只收取一小部分费用，但每个参与智慧乡村项目的公司都看到了将销售拓展到乡村的机会。这并不是公司对穷人的又一轮慈善捐赠，而是公司和该邦的首席部长奈林都认可的开放式创新方法。以前的方法是政府主导的，私营部门的投入和支持较少。此外，此前私营部门的参与主要是慈善性的，而不是商业驱动的。开放式创新方法可能更具可扩展性和可持续性。

智慧乡村项目中出现了进一步的生态系统效应。参与项目的40多家公司中约有一半来自印度，而另一半则是国际公司。村里只要有一家公司，就会使得其他公司紧随其后并派人入驻，这就带来了一个充满活力的生态系统，为当地村民提供可能的产品和服务。需要注意的是，没有一家公司可以管理所有这些不同的资源。这里需要的是一个开放式创新生态系统，所有公司都试图了解村民的需求和支付意愿。因此，莫里村的经验是对概念的验证，即实验产生阶段的一部分。

传播智慧乡村项目

智慧乡村项目不包括向安德拉邦的其他乡村或印度的其他联邦传播该项目。尽管如此，该项目的传播还是得到了充分的关注。传播途径主要有以下3种：

（1）参与项目的公司往往愿意并能够将项目传播到其他乡村。

（2）在首席部长奈杜的领导下，地方政府官员有时愿意将项目传播到其他乡村，特别是当该官员也对其他乡村的事务负有责任之时。

（3）当地非政府组织（Non-Government Organization，NGO）有时会向其他社区和当地大学推广智慧乡村项目，并充当那些信息渴求者所需要的资源中心。[16]

项目的部分设计包含从每个乡村招募志愿者作为智慧乡村项目的向导。他们通常要接受项目工作人员提供的培训，并与当地乡村的政府官员保持密切联系。通过这种方式，很多乡村都被改造成了智慧乡村，而且没有出现莫约在其对非洲发展援助的评论中所写的许多经济失调现象。

在撰写本书时，智慧乡村项目已在安德拉邦的400多个乡村开展，约占该邦所有乡村的 1%，因此，该过程的传播阶段其实才刚刚开始。印度其他邦也有兴趣探索并发起该项目。该项目开始在安德拉邦以外发展。

然而，进一步的传播将部分取决于该项目在改善村民生活方面的成效。他们是否能够吸收并内化该项目的结果？

吸收智慧乡村项目的结果

迄今为止，智慧乡村项目取得的结果各不相同，但总体而言相当鼓舞人心。

一个里程碑事件是谷歌选择在莫里村安装谷歌自由空间光学技术，使每个村民都能以低廉的价格连接到互联网。当地实习生和谷歌员工为村民提供了关于如何使用互联网的培训，使村民能够充分利用互联网带来的机会。这为村民提供了丰富的信息和通信服务及新的娱乐来源。村民甚至可以通过数字化的方式申请工作，或者为他们接受的服务付费并接收电汇。

一项比较小但具有象征意义的成功是莫里村当地纺织业的扩张。莫里村以其高品质和独特的纱丽设计而闻名，但在过去，这些纱丽的市场不可避免地非常本地化，并且通过赚取了大部分价值的中间商售出。随着互联网的接入，当地纱丽制造商终于能够绕过这些中间商。纱丽的销量增长了10倍，而纱丽的价格也比之前的价格上涨了5倍，这对纱丽制造商的收入产生了显著影响。这反过来又有助于验证互联网在乡村的实际效用，特别是当纱丽制造商与其他人分享了其财富增加的故事后。这一早期的成功对于吸收智慧乡村实验的结果至关重要。

另一项成功出现在腰果加工业中，这是莫里村的另一个当地产业。通过绕过中间商，以及在地区和国家市场上获得更快、更准确的作物市场信息，腰果加工商的产量扩大了10倍。同样，这有助于验证互联网在乡村的实际效用。村民分享了更多故事，这一成功启发了其他村民前来探索互联网可以为他们的作物带来什么。

然而，这个项目也出现了一些问题。农村变革是艰难的，如果结果不令人满意，那么谁来承担采用新技术的风险，这是一个严重的问题。如果新技术使村民的生计面临风险，即使没有任何财务风险，也很少有村民愿意率先尝试新技术。假设一位村民信心大增，将整整一年的收成托付给一项他以前从未见过的技术，此时经济上的损失对他们来说将是毁灭性的。在乡村中引入村民不需要或不了解如何使用的产品或服务会削弱他们对整个项目的信心。

使用互联网注册电子商务公司，是一次具有挑战性的经历。一家名为StoreKing 的印度公司为乡村店主提供库存补货，这样乡村店主就可以通过从 StoreKing 在线订购来补充库存，而不必离开商店去补货。对于智慧乡村项目中的许多乡村商家来说，这是一个"杀手级应用"，使智慧乡村项目非常有吸引力。

鉴于StoreKing 在线服务得到了积极响应，该公司决定免收注册费，以刺激更多的用户注册。虽然这对新商家十分友好，但它也导致了那些已经支付了费用的商家要求退款。该公司拒绝了这些退款请求，并告诉客户，他们将收到反映在其StoreKing账户中的信贷额度。这些客户也被告知，当地的总特许经营权不再是 StoreKing 组织的一部分，由总特许经营商负责提供这种信贷额度。StoreKing 拒绝承担责任或解决退款问题，这导致了村民一无所获。

这个项目还产生了其他影响。帮助这些村民注册StoreKing服务的智慧乡村实习生，是乡村里的"局外人"，当地商家认为其对失败负有个人责任。尽管他们与公司没有任何关系，但他们仍被追究责任。村民认为实习生和公司是一体的。事实上，他们受到了严重的威胁，以至于在村子的某些地方感到人身不太安全。

在另一个试点项目中，村民以视频的形式了解到了一款水稻收割机。村民可以不通过中间商直接购买设备，从而节省大量成本。但是由于设备交付晚了，村民失去了耐心，且交付的设备的物理特性（颜色和其他细节）与村民在宣传视频中看到的不符，这导致村民怀疑自己受到了欺骗，并产生了直接向警方举报制造商诈骗的想法。

正如后面的例子所示，参与项目的40多家公司中的部分公司选择通过特许经营方式来抓住该项目中的机会。某个当地村民（或住在附近的人）被指定为公司的当地加盟商。如果加盟商表现良好，那么吸收效果很好。但在公司和加盟商意见不一致或公司改变了对村民的政策且不允许任何追溯调整的情况下，摩擦就会产生。

分销渠道问题也会对项目的吸收产生负面影响。通过互联网进行直销可以越过多余的中间商。然而这些中间商通常与其所在社区及当地政府官员之间关系密切。由于即将从供应链中被移除，这导致了中间商对不会"保护"他们的官员的敌意，进而撤回政治捐款。

一些问题必然会浮出水面。虽然安德拉邦的许多官员一直是智慧乡村项目的坚定有力的支持者，但部分官员抱怨他们帮助当地商家获得工作和支持的传统角色被新的互联网接入所削弱。如果这些官员认为部署智慧乡村项目对自己没有好处，那么他们有很多方法可以延迟和阻挠项目的推进。这些问题极大地影响了吸收智慧乡村项目带来的新可能性的能力。

总之，智慧乡村项目正显示出真正的希望。这一概念已经得到验证，尤其是在40多家公司（其中大约一半来自印度，另一半是国际公司）决定参与该项目之后。这一概念的传播正在进行中，包括安德拉邦和印度其他联邦都在进行扩展。项目的吸收也在生根发芽，特别是当纺织、零售和农业等不同行业的村民正在实现更高的收入和更大的销售额，并向他们的邻居广而告之时。然而，项目也遇到了阻力，这些阻力主要来源于该项目对以前在乡村系统中蓬勃发展的某些群体及参与公司的一些特许经营战略产生的负面影响。

共享价值的贡献

为该项目的设计提供价值的另一种观点是共享价值。正如马克·克莱默和迈克尔·波特所定义的那样，所谓共享价值，并不涉及一家公司共享它已经创造的价值；也就是说，它不是价值的重新分配。相反，"它关于扩大经济和社会价值的总和"。[17]也就是说，共享价值是一种创新方法，在这种方法中，公司通过解决社会需求和挑战，来寻找发展和维持自身业务并创造社会价值的途径。

作为解释，克莱默和波特将共享价值与公平贸易进行了对比，后者侧重于为同样的作物向农民支付更高的价格，从而减少加工商的利润，这是一种重新分配的形式。"相反，共享价值的观点侧重于改进种植技术，加强当地配套供应商和其他机构的集群，以提高农民的效率、产量、产品质量和可持续性。这样蛋糕就被做大了——农民和向他们购买产品的公司都会受益。"克莱默和波特引用了对科特迪瓦可可种植者的研究，表明公平贸易使农民的收入增加了10%~20%，但共享价值投资使他们的收入增加了300%以上。

事实上，至少有一个共享价值的例子已经出现在印度。克莱默和波特解释说："汤森路透公司（商业数据提供商）为平均年收入2000美元的农民开发了一项很有前途的月度服务。这项每季度收费5美元的服务为农民提供天气信息、作物定价信息及农业信息。据估计，这项服务惠及了200万名农民。早期研究表明，它帮助了60%以上的农民实现了收入增长——在某些情况下，他们的收入增加了两倍多。

对于公司而言，寻求共享价值机会的第一步是根据自身如何满足或创造社会需求、产生利益和危害来评估自己的产品与服务。公司还可以通过改变对于自己与供应商关系的看法来发现共享价值的来源。克莱默和波特表示："传统的做法要求公司对供应商施加最大的议价能力，以压低价格——即使是从小企业或自给自足的农民那里采购时。"然而，被边缘化的供应商的生产力和质量水平往往停止增长或开始下降。通过帮助供应商增强实力，公司可以扭转这一趋势，从而确保获得投入，并可能减少其产品对环境的总体影响。我们在第一章中看到了一个例子，那就是雀巢与咖啡种植者合作的经验。

未能在市场中建立共享价值机制的公司迟早会发现自己的成长能力将受损。公司必须设法把蛋糕做大，以便能够随着时间的推移销售更多的商品。在莫里村参与项目的公司拥有非常有用的技能和知识，无论是爱立信通过传感器帮助管理水资源，还是 Hiro 通过其专门设计的自行车提供医疗保健，抑或是 IBM 为农民提供更准确的天气数据，帮助他们知道何时播种、何时施肥及何时收获。

第七章要点

1. 创新的三个部分：产生、传播和吸收，在公共和社会部门及私营部门普遍适用。

2. 智慧城市项目创造了很多可能性，但迄今为止还没有带来明显的社会价值或商业价值。主要问题不在于技术的产生，而在于在专家的狭窄圈子之外，社会缺乏传播和吸收这些技术的能力。

3. 开放式创新可以通过吸引营利性公司参与农村市场的业务发展研究，在满足农村村民的需求方面发挥关键作用。如果成功，这些公司将成为通过市场进行传播和扩展的途径。

4. 智慧乡村是解决贫困地区、欠发达农村地区村民需求的一项很有前景的新举措。产生、传播和吸收三个维度在这里也适用。

5. 迄今为止，智慧乡村项目已经实现了一定程度的传播，但吸收程度有限。智慧乡村项目带来了赢家和输家。后者有时会阻止创新（如智慧乡村）的传播和吸收。

6. 共享价值为公司提供了一个逻辑框架，用于评估参与服务不足的市场的机会，如智慧乡村涉及的市场。不考虑共享价值的公司可能会限制自身在新兴市场的增长，甚至限制其持续经营。

开放式创新的
最佳实践

第八章

如果你已阅读至此，那么你现在应该很清楚——创新不仅仅是创造或发现很炫酷的新技术那么简单。我们将在本章简要介绍一些领先公司的开放式创新实践案例，这些案例展示了创新从产生到传播再到吸收的整个运作体系。这一体系确实始于对新创意和新技术的创造或发现。但该体系将在完成创造和发现的环节后，继续在组织内深入传播该技术，并最终将该技术集成到公司的一个或多个业务部门中，然后由这些业务部门将其推向市场。

通过对这些案例的仔细研究，我们还可以了解一些支持和维持组织内部开放式创新的基本原则。同样，我们可以识别出一些维持开放式创新所需的前提条件。如果这些条件不存在，开放式创新可能无法在组织内部实现其承诺的结果。

宝洁公司的联发项目

宝洁公司在21世纪初成了开放式创新实践的鼻祖。2000年，宝洁公司曾遭遇金融危机，未能达成财务目标的事实使其股价在数月内从150多美元跌至54美元。公司决定由其美容护理业务的内部领导A. G. 雷富礼（A.G.Lafley）接任首席执行官一职。雷富礼深知开放式创新对提升美容护理领域的业务量所起的重大作用，并坚信类似方法将为整个公司带来收益。由此，"联发"项目应运而生。

宝洁公司的拉里·休斯顿（Larry Huston）和纳比尔·萨卡布（Nabil Sakkab）2006年在《哈佛商业评论》上发表的文章中指出，[1]开放式创新有助于显著节省时间和成本。"品客薯片印刷"项目就是一个很好的例子。宝洁公司希望提供在每片上都印有图片和文字的品客薯片。宝洁公司没有在内部投入时间和金钱研究可食用模具和基于食品的印刷技术，而是在意大利博洛尼亚发现了一家以喷墨方法在蛋糕和饼干上打印信息的面包店。宝洁公司与该面包店合作，将这项技术应用于品客薯片。宝洁公司以很低的成本开发出产品，同时把将产品推向市场的时间缩短至公司内部所需时间的一半。

宝洁公司还利用从世界各地其他公司获得的授权技术创建了新品牌，包括佳洁士旋转牙刷、玉兰油新生系列和Swiffer Dusters等。后两个尽管基础技术源自宝洁公司之外，但如今已成为该公司价值数十亿美元的品牌。

宝洁公司还通过向其他公司许可技术来获得资金。它与高乐氏（Clorox）合资生产Glad品牌就是一个很典型的例子。宝洁公司贡献其制造技术，而高乐氏贡献其品牌和产品，两者一起构建了一种合作关系，已经持续了十多年。而Glad本身也是一个价值10亿美元的品牌。[2]一般来说，宝洁公司对每项新专利都采取统一的政策，即内部业务部门有9个月的时间在新产品中使用新技术。如果内部业务部门没有这样做，那么就将该专利提供给外部的其他人来许可使用。这为内部业务部门更仔细地评估新技术创造了新的动力。"要么使用，要么丢弃。"一位内部业务部门经理如是描述该项目。

当雷富礼看到开放式创新对增长的影响时，他要求在5年之内，至少有50%的创新来自宝洁外部。在2002年确立这个目标时，外部创新在宝洁公司的占比约为10%。所以这对全公司来说是一个非常有挑战性的目标，但公司确实在2007年实现了。

宝洁公司最近面临着严峻的增长挑战。我将在本章后面，对维持开放式创新所需的边界条件展开讨论。

宝洁公司的最佳实践

（1）利用宝洁公司的品牌营销，将外部技术发展为价值数十亿美元的品牌。宝洁公司不必发现它，也不必从中获利。

（2）把未使用的内部技术许可给他人（包括竞争对手）使用，并创建其他价值数十亿美元的品牌。"要么使用，要么丢弃"策略可能会使内部业务部门更多地关注新专利技术，避免这些技术被低估或被忽略。

（3）如果你自己不打算使用新专利技术，那就许可给他人使用。这将激发更多的内部思考，带来高额的许可收入，发现新商业模式，这可能是你之前没有想到的。

通用电气的"绿色创想挑战"

通用电气[3]近来确实深陷困境，但多年来它一直是最佳创新实践的典范。其中一项举措是在绿色和可再生能源市场上启动开放式创新项目，该项目被称为"绿色创想挑战"。通用电气已拥有非常庞大的能源业务（当时市值近400亿美元），但其主要客户是对可以生成兆瓦电力的大型发电装置有需求的能源和电力公司。与此同时，绿色和可再生能源领域出现很多新兴技术，这些新技术可以生成千瓦级电力，通常用于住宅或商业场所。通用电气在这个领域没有业务，并且对市场的了解相对缺乏。因此，通用电气发起了"绿色创想挑战"，以吸引希望在可再生能源领域深耕的创业者，如果通用电气看好创业者提出的想法，则向他们提供初始创业资金。这个资金池的规模高达1亿美元。

本可以独立完成这件事的通用电气意识到现有的风投公司在这个领

域有丰富的投资经验，而自己可能会从与它们的合作中受益匪浅。通用电气还意识到自己对小型初创企业的现实情况知之甚少，而这些初创企业需要大量的辅导、指导及风投公司提供的其他服务。因此，通用电气说服了另外4家风投公司向"绿色创想挑战"投资1亿美元，将可投资基金池扩大到了2亿美元。

该挑战收到了3800多份回复，约是通用电气预期的10倍。评审这些提案需要花费大量的时间和精力。与此同时，7万人参与了对这些提案的评审，并为自己最喜欢的提案投票。通用电气甚至为表彰外部评论员中最受欢迎的观点设立了"人民选择奖"。通用电气的内部研发团队领导了对提案的技术评审环节，并在这个"新世界"中收获颇丰。

最终，通用电气投资了17个项目，其合作伙伴——4家风投公司投资了其他一些项目，一共创建了23家新企业。通用电气还发现了一笔很有吸引力的收购生意，如果不是因为"绿色创想挑战"，它根本不会发现这笔生意。通用电气也意识到，拥有7万名评论员的社区本身就是该公司的潜在资产。因此，挑战结束后通用电气设立了社区经理的新职位，以维持社区对可再生能源技术的兴趣。

自此之后，通用电气在其业务的其他部分也发起了类似的挑战，包括运输和医疗保健。这表明通用电气在人群中发掘了智慧源泉，即使是一家（至少在当时）非常庞大且成功的公司也可以从外部学到很多东西。

通用电气的最佳实践

（1）探索新的业务领域时，应向外部人士征求意见。

（2）邀请外部人士对创意进行评审，与此同时观察他们最喜欢哪个。

（3）让内部研发人员通过研究外部创意来学习。

（4）在核心业务以外的新业务领域，有时最好是和那些对这些领域了如指掌的人一起投资。

意大利国家电力公司：开放式创新与可持续性 = 开放式创新能力

另一个开放式创新实践的案例来自意大利国家电力公司，一家总部位于意大利的领先能源公司。[4]在传统意义上，公用事业的建设是为了稳定而不是创新。但在21世纪初，欧洲为促进可再生能源投资制定了一些有吸引力的激励措施。意大利国家电力公司选择创建意大利绿色发电公司（Enel Green Power，EGP）——这个新实体将其各种可再生能源活动捆绑在一起，并投放至二级市场。长期担任意大利国家电力公司高管的弗朗西斯科·斯塔瑞斯（Francesco Starace）被任命为新公司的首席执行官。

EGP很快意识到，与通用电气的可再生能源产品一样，可再生能源市场与意大利国家电力公司的传统公用事业市场截然不同：技术不够成熟，新创意时常涌现，发电规模小，需要快速决策，企业融资需要更高的灵活性和创造性。EGP适应了这些新条件，并在短时间内取得巨大成功。因为它的成功，斯塔瑞斯在2014年受邀成为意大利国家电力公司的首席执行官，同时EGP被重新并入公司。

进入意大利国家电力公司后，斯塔瑞斯并没有简单地回到传统的公用事业公司领导者的位置。他大胆地宣称，意大利国家电力公司面临来自化石燃料（而非其他公用事业）的竞争，同时，公司的未来依赖于可再生能源。一个划时代的时刻证明了这一大胆的言论——斯塔瑞斯邀请绿色和平组织的成员与他亲自带领的高管团队会晤，讨论公司的可再生能源计划（就在几年前，绿色和平组织"入侵"了意大利国家电力公司在罗马的总部，打出横幅宣称意大利国家电力公司是"敌人"）。公司开始出售核电站，关闭煤电厂，同时开放并大幅扩张可再生能源工厂。意大利国家电力公司还启动了新的微电网实验，将电力输送到被迫依赖柴油发电机的偏远地区，并在美国投资了一家独特的太阳能热电厂，利用太阳能启动发电过程，同时利用地热资源维持发电。

在前营销顾问埃内斯托·西奥拉（Ernesto Ciorra）的领导下，意大利国家电力公司采取了开放式创新策略，将开放式创新活动与可持续发展的使命相结合。这包括意大利国家电力公司加大与初创企业和高等院校的接触。意大利国家电力公司现在在全球4地让初创企业参加训练营，并在内部与业务部门分享结果。公司还与全球12所顶尖大学建立合作关系，将数百个研究项目纳入一个更具战略意义的关系网中。意大利国家电力公司在各个热点地区（欧洲、硅谷、以色列、波士顿）的新合作网络将其定位为可再生能源领域许多最新的突破正在发生的地方。当前的意大利国家电力公司比以往任何时候都更了解可再生能源，了解新技术来源。该公司完全有能力带领其客户进入一个新的、更绿色的能源环境。

意大利国家电力公司的最佳实践

（1）有时新技术需依托新商业模式才能成功。由内而外的开放式创新衍生产品（如EGP）更注重在公司内部很难实施的新商业模式。

（2）在世界各地的技术热点地区建立设施，可以促进初创企业的早期参与。去初创企业所在地，不要让它们来找你。

（3）环境的可持续性对于社会的美好未来至关重要。开放式创新是实现这一愿景的有力手段，因此开放式创新具有很大的商业意义。

拜耳：制药行业开放式创新的一条综合路径

拜耳是全球创新活动最先进的公司之一。这不足为奇，因为一些商业史学家认为拜耳早在19世纪中叶就成了第一家创建内部研发系统的公司。[5]从化学方法到生物方法再到基因重组方法，制药行业已历经多次技术升级。随着科学基础的变化，新技术来源也在演变。最初，新技术源自公司内部。后来，大学开展的研究成为新可能性的重要来源。随后，问世不久的生物技术公司成为创新生态系统的重要组成部分。如今，初创企业和风投公司已加入这些不同的来源，因此制药公司需要采用"上述所有"的策略来开发和获取新创意与技术。

拜耳迎接了这一挑战。公司保持了强大的内部研发能力，2017年研发支出占销售额的14%以上。公司还通过与大学广泛开展合作，扩展其获得新创意和新技术的渠道，正如我们之前在意大利国家电力公司的案例中所见到的那样。拜耳与风投公司展开越来越密集的合作，从而捕捉制药行业中有前景的新趋势。它为自己的员工和外部人士组织编程马拉松，鼓励他们探索当前活动之外的领域。它还经常收购初创的生物技术公司，以扩大其药物组合。

如图8.1所示，管理这些不同的思想和技术来源需要各种组织方法。[6]有些方法可以通过公平交易的方式进行管理，如孵化器。拜耳在其位于加利福尼亚州旧金山使命湾的工厂成立了这样一个孵化器。我们在第六章研究可扩展初创企业方法时也看到了这一点。另一些则要求通过发放许可或捐赠的方式将资产从一个组织转移到另一个组织。拜耳积极从研发早期阶段的学术研究医院及后期阶段的生物技术公司获得化合物许可。还有一些其他的方法，要求更广泛、更持续的互动（在图8.1中向左移动），无论是通过联合实验室、开发联盟还是战略创新伙伴关系。

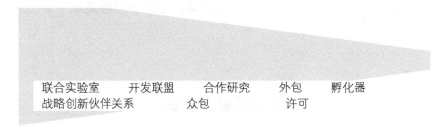

图8.1 拜耳的组织方法

如图8.2所示，拜耳为开放式创新活动范围内的不同任务开发了一套互不关联的流程。

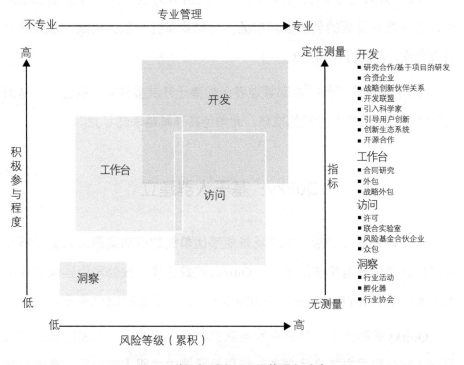

图8.2 将目标对应至拜耳的研究活动

图8.2[7]展示了拜耳运用的四种不同类型的协作方式，从仅与其创新流程松散耦合的洞察到参与性更强的模式，如工作台、访问和开发。工作台活动涉及将部分开发过程外包给其他人，而访问要求资金、权利和知识的转移。最密集的模式是开发，许多知识来源在此汇集以研发新药。图8.2还显示了项目风险从左到右逐渐递增，组织参与程度从下到上逐渐提高。

拜尔的最佳实践

（1）开放式创新没有放之四海而皆准的方法。相反，特定的组织方法必须与项目的目标相匹配。

（2）拜耳等制药公司采用了"上述所有方法"来追踪新的创新来源，并将最有前景的创新推向市场。这需要掌握一系列实践，从众包到研究合作，再到许可和开发。

（3）开放式创新的内部管理者必须善于开展多种类型的协作，从而实现创新目标。随着时间的推移，此角色在拜耳越来越专业。

Quirky：基于人群建立

有时，开放式创新的失败场景能够比单纯的成功案例为人们了解开放式创新提供更有价值的参考。Quirky就是这样。该公司由连续创业者本·考夫曼（Ben Kaufman）于2009年创立，融资超过1.5亿美元。

Quirky最酷的地方是它寻找灵感的方式。它邀请个人发明家通过公司网站向公司提交其产品创意。如果公司选中发明人的产品创意进行商业开发，公司将会把部分收入以特许权使用费的方式支付给发明人。此外，Quirky社区中帮助改进和开发产品的其他人也将获得小额版税收入。反过来，Quirky将处理进一步的开发、销售、分销和广告以推广产品。效果是，Quirky外包了所有新产品的初始概念开发，同时构建强大的营销和分销能力来销售所有新产品。该模式以个人发明家为中心，并通过支付版税来奖励他们的创造力。[8]

该公司凭借这种模式得到大量关注与宣传。想法源自各行各业的许多不同的人，Quirky会接收到各种各样的产品创意。该公司还推出了一些热门产品：PowerPivot（一种灵活的多插座插头延长线）等产品带来了数百万美元的收入。除吸引大量风险投资外，该公司还与通用电气签署合作协议，为其生产和销售部分产品（通用电气也对该公司进行投资）。所以，Quirky不仅拥有坚定的支持，还拥有广泛的人脉。它正在实践一种特别广泛的开放式创新模式，依靠外部社区实现所有产品创意。

然而，一切都成为泡影。该公司于2015年申请破产，创始人考夫曼被迫离开公司。显然，在这种情况下开放式创新并没有发挥作用，这不是因为缺乏资金或高层的支持。所以到底发生了什么？这说明了开放式创新帮助公司创新的能力如何？

有关Quirky失败的原因存在争议。考夫曼显然是一个在企业运营方面不太擅长的"创意狂人"。在本书的语言体系中，他长于创新的"产生"，短于创新的"传播"和"吸收"。Quirky的业务依赖每年至少有几款畅销产品。因此，人们可能会将Quirky的失败解释为执行力的失败，对开放式创新几乎没有任何影响。

但我认为，这样的解释对开放式创新来说太过"仁慈"了。如果企业需要热销产品，谁能比Quirky社区更好地提供它们呢？事实上，每个类似PowerPivot的产品创意背后，都有成百上千个糟糕或被边缘化的产品创意。每个产品创意都需要Quirky内部的人员来审核。考夫曼不得不增加人手来处理他收到的所有产品创意，但大多数产品创意都很糟糕。许多尝试众包的公司也发现了这一点。虽然我的学术同行称赞众包的优点，但从Quirky公司失败的事实中我们发现：大多数众包的产品创意都很糟糕。[9]然而，每个提交的产品创意都需要回复（理想情况下是在收到后2~4周内），并且需要花费时间和精力来审查每个产品创意，无论它有多糟糕。许多开放式创新爱好者并未充分认识到这一点。[10]

从Quirky失败中吸取的另一个经验教训是，提交产品创意的个人没有提交任何商业模式。所以Quirky在开始工作时没有任何流程来确保其收到的产品创意能够适用其正在缓慢构建的营销和分销能力。这是许多试图实施开放式创新的组织所面临的另一个问题：产品创意或技术在通过商业模式商业化之前几乎没有经济价值。或者换言之，同一产品创意在两种不同的商业模式下会产生两种不同的经济结果。[11]Quirky的流程忽略了所有这一切，并向所有参与者征求产品创意，无论提交的产品创意是否与Quirky的商业化流程相关联。

Quirky 的经验教训

（1）众包并非开放式创新的灵丹妙药。众包过程中可能会有一些好的产品创意，但绝大多数产品创意都是边缘化的或糟糕的。

（2）众包的产品创意通常与接收组织的商业模式没有任何联系，也没有传播或吸收机制。这意味着即使这个产品创意最初看起来很美好，它也可能无法创造任何经济价值。

（3）如果不能建立一个将创新过程前端与后端连接起来的流程（如前文第四章中所示），那么拥有大量资金和一个有担当的CEO的开放式创新公司仍然可能失败。

欧洲核子研究中心的 ATTRACT 项目：知识产权是否以及何时有助于科学商业化

欧洲核子研究中心（CERN）是世界上领先的科学研究机构之一。该组织位于法国和瑞士的边界。它最著名的发现是希格斯玻色子———一项摘得2013年诺贝尔物理学奖的发现。欧洲核子研究中心拥有大约3000名员工，超过12000名外部用户参与了来自其成员、合作伙伴或观察员国家的研究项目。

然而，正如我们在第三章中的讨论的那样，这种优越的科学资源本身不会创造创新。为了将庞大的科学基础商业化，欧洲核子研究中心需要建立新机构并扩展到那些良好的开放式科学社区之外。这就需要对欧洲核子研究中心的许多技术及其潜在商业应用有一定了解，同时需要在实践中对技术进行足够的开发，以便企业或投资者能够评估这些应用的可行性和吸引力。在一个庞大的开放式科学社区中，这些技术将获得什么样的知识产权以及何时获得，这是一个微妙的问题。ATTRACT项目的启动涵盖了所有这些内容。

ATTRACT 项目

ATTRACT项目（探测器/基础设施生态系统突破性创新项目）试图将欧洲核子研究中心正在开发的一些非常先进、世界级的探测器和成像技术的具体研发需求和商业化潜力结合起来。其目标是通过一种协作、开放的创新方法来实现这一点，尤其是通过开放式创新由内而外的部分。

该项目明确寻求体制结构的建立，以支持欧洲核子研究中心新技术的商业化。初步确定的三个商业化关键领域：

- 突破性的信息通信技术和应用。

- 高性能材料和应用。

- 保健物理学技术和应用。

这些应用领域中的每个都是非常大的市场，尽管各自的驱动因素和监管结构大不相同。信息通信技术是三个领域中发展最快的，新的创新通常可以在短时间内部署和扩展。高性能材料进入大市场需要花费更长的时间，因为必须首先经过验证，然后必须尝试多种应用，最终的市场规模将取决于新材料的各种用途是否成功。卫生部门监管最严格，在这方面取得市场成功需要得到行业与监管机构和卫生保健系统管理人员的认可。

参与ATTRACT项目的行业合作伙伴将在每个领域的探测器技术商业化中发挥关键作用。行业合作伙伴是能够为研究人员带来对每个业务背景的深刻理解的参与者，是后续技术开发以解决每个行业的关键需求的中流砥柱。在像欧洲核子研究中心这样一个促进知识自由交流的地方，来自不同行业的人们很可能碰撞出灵感的火花。

ATTRACT项目对必要的知识产权进行了深思熟虑的安排，从而延续欧洲核子研究中心成功创建的开放式科学文化，同时向潜在商业合作伙伴提供足够的知识产权，以激励其承担将技术推向市场可能面临的投资风险。这里的关键结构包括：

- 广泛、免费地获取研究界存在的大量背景知识，以便有进取心的商业合作伙伴可以放心地开展其项目，确保它们不会被欧洲核子研究中心的知识产权主张"阻止"。

- 欧洲核子研究中心的研究科学家、工程师与工业工程师和开发人员之间广泛相互作用，将有助于他们发现一个或多个应用这一知识的潜在场景。鉴于欧洲核子研究中心拥有大量科学家和工程师，以及同样数量的行业开发人员，大家都同意放弃对早期阶段创造的知识的保护申请。这将促进更快速地探索可能的应用，并使更多的参与者加入这个过程。

- 一旦确定了具体的应用，行业参与者可以选择为前景知识寻求保护，这些知识是由参与公司在 ATTRACT 项目的结果的基础上私下创建的。只有那些直接参与项目并对项目做出贡献的人，才会对已经完成的工作有深刻的理解，这将使他们在任何下游应用开发中处于领先地位。然而，这些工作必须在他们自己的地盘进行，而非在 ATTRACT 项目中。[12]

- ATTRACT 项目已获得 1700 万欧元的欧盟拨款，用于欧洲核子研究中心的 100 个不同的技术项目。这些种子资金被用来支持早期开发工作，创建可以与行业共享的初始原型。进一步的开发将减少每个项目的技术风险，并允许行业对每项技术做出更深思熟虑的反应。关键是，在这一阶段没有分配任何知识产权，因此企业家可以探索广泛的技术可能应用。

欧洲核子研究中心技术商业化的成功需要在这一过程的早期实现一些"小胜利"。这些"小胜利"并不是新技术的最终回报，但它们是技术应用的商业价值的第一次有形展示。大公司在追求这些"小胜利"时往往处于不利地位，因为初始收入太少，以至于与大公司的财务业绩无关。但小公司和初创企业可以非常有效地专注于这些较小的收入，因此它们在弥合第三章和第四章所讲述的研发之间的"死亡之谷"方面发挥着关键作用。

欧洲核子研究中心的最佳实践

（1）伟大的科学不会自动转化为有意义的创新。一项新技术的最佳应用往往不是显而易见的。因此，要创建一种结构，科学家和工业工程师可以在不主张知识产权的情况下交流想法和进行合作。

（2）要想实现在探测、成像和计算等领域的最佳应用，就需要企业家的冒险精神，同样，也需要大量的反复试验，以开发有效的商业模式，创造和实现商业价值。在这里，知识产权应当被适当地分配，但这不应该阻止大型组织使用背景知识产权。

（3）少量资金可以有效降低有前途的新技术的风险，而不会过早放弃知识产权。这将使我们更容易跨越科学和创新之间的"死亡之谷"。这对于公共资金和非营利资金都是有用的。[13]

宝洁增长与开放式创新的奇遇

宝洁公司的成功与开放式创新的兴起密切相关。当时我的《开放式创新》一书在2003年第一次出版，虽然宝洁并不是这本书研究的主要案例，但宝洁在此时公开宣传了其"联发"项目创新过程，并很快开始接受开放式创新模型。（即使在今天，开放式创新仍然显著显示在宝洁网站的"联发"项目页面上。）甚至宝洁高管包括法律和财务等支持职能部门的考核指标中也包含"联发"项目。

宝洁一直保持着对开放式创新的热情接纳态度。2006年，宝洁自豪地宣称其在"联发"项目上的成功，同时在《哈佛商业评论》上发表了一篇广受欢迎的文章。2008年，时任首席执行官雷富礼与他人合著了《游戏颠覆者》一书，该书描述了他在开启宝洁创新过程和创建公司文化方面发挥的作用。[14]书中他赞扬了"联发"项目，并对成功将其引入宝洁公司表示赞赏。随后，宝洁时任首席技术官布鲁斯·布朗（Bruce Brown）在与他人合著的、发表在《哈佛商业评论》上另一篇关于宝洁"创新机器"的文章中，称"创新使宝洁成功概率提高了3倍"。

相对于宝洁对开放式创新的热情接纳及其对自身创新能力的大力宣传，公司在此期间的销售额却给这一案例增添了一抹离奇的色彩。图8.3呈现了雷富礼在宝洁任职期间公司的收入数据。

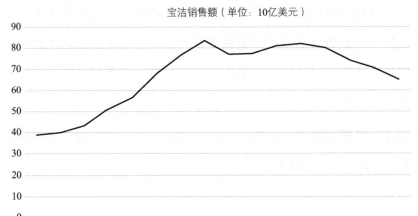

图8.3　宝洁2001—2017年的销售额（宝洁年度报告）

如图8.3所示，2001—2009年，雷富礼担任宝洁CEO期间，宝洁收入的涨势相当不错。开放式创新似乎真的很有帮助。公司不仅整体收入大幅增长（宝洁的收入在20世纪90年代大部分时间都停滞不前），而且宝洁通过"联发"项目成功创建了许多子品牌。

- 玉兰油®再生霜：全球最畅销的护肤霜。

- 玉兰油®Regenerist 眼霜：玉兰油全球第二大畅销产品。

- 玉兰油®再生焦点皙白眼霜：包装创新令消费者惊叹。

- Swiffer Dusters®：全球 15 个市场中的市场领导者。

- Mr Clean®Magic Eraser®。

- 伊卡璐完美 10™：产品创新消费者调查中的 2010 年年度产品。

- Oral B Pulsonic® 牙刷。

- GLAD®Forceflex® 和 GLAD Press' nSeal®。

从2009年开始，经济大衰退对宝洁的收入造成了很大影响。但这里发生的不仅仅是简单且持续的深度衰退。随便翻阅一下这些著名案例就会发现，其中大多数商业成就都是宝洁在十多年前创造的。除了伊卡璐完美10™，"联发"项目为公司带来了什么？为什么开放式创新不能实现公司收入的持续增长？

我们通过观察宝洁十多年的收入环比变化率可以对其收入不能持续增长的原因一探究竟，如图8.4所示。

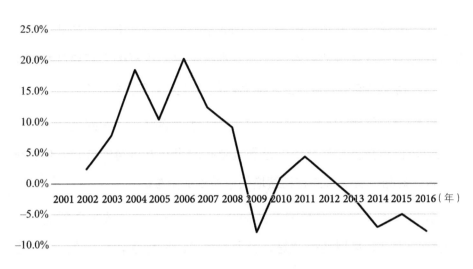

图8.4　2001—2017年宝洁收入环比变化率（宝洁年度报告）

显而易见，自从雷富礼2009年辞去公司CEO及经济大衰退的到来，宝洁的收入大幅下滑。此时，该公司已经扩大了开放式创新流程的应用规模，并广泛培训其管理团队，让他们了解如何在创新流程中与他人协作。外部合作者似乎对此非常满意：在通过"联发"项目与宝洁合作的1100多位外部合作者中，有600多位与宝洁进行了多次合作。[15]这表明合作伙伴们对他们第一次体验"联发"感到非常愉快，并选择再次与宝洁合作。

因此，正当宝洁掌握了开放式创新，广泛建立了由满意的外部合作伙伴组成的广泛网络并将这一过程扩展到世界各地的业务时，收入增长却基本停止。这确实很离奇！

更令人不解的是，2013年宝洁董事会让雷富礼重新担任CEO一职！据猜测，此举目的是希望他再创第一次任职时给公司带来的辉煌。然而，如图8.3和图8.4所示，这一希望并未实现。雷富礼随后于2015年7月再次辞去CEO一职，并于2016年6月卸任董事会主席。投资者已经注意到了公司增长乏力，希望能加入董事会并争取在董事会的话语权，以寻求新的收入增长点。开放式创新带来的效益增长为什么会发生如此变化？如果像宝洁这样的行业领军者，同时拥有雷富礼这样的大师级领袖都不能保持公司业绩增长，开放式创新对我们其他人又意味着什么？

同样令人好奇的是，开放式创新的学术学者并未注意到这种不稳定的表现，包括我自己！我们注意到宝洁在21世纪初取得的成功，但在很大程度上忽略了其近年来在持续增长中遇到的困难。

我没有确凿的证据能将宝洁的单一失败原因与开放式创新完全隔离开来。不过，可以明确的是，公司发生了一些组织转型，在这些转型中，公司层面减少了对开放式创新的关注，而侧重于其他方面。让我们回顾一下这些转型：

- CEO 雷富礼于 2008 年卸任首席执行官一职。内部人士鲍勃·麦克多诺（Bob McDonough）执掌大权。

- "联发"项目辉煌时期的其他关键内部人士，如吉尔·克洛伊德（Gil Cloyd）、拉里·侯斯顿（Larry Huston）、纳比尔·萨卡布（Nabil Sakkab）和杰夫·魏德曼（Jeff Weedman）都已退休。

- 麦克多诺在任期内的表现令人失望，因为宝洁的业务在大衰退中遭受损失。雷富礼于 2013 年复出，再次担任 CEO，但在 2015 年再次退休。

- 2016 年，联发团队与并购团队合并，由同一经理管理。

- 2017 年，合伙人资金管理公司的尼尔森·佩尔茨（Nelson Peltz）发起代理权争夺战，旨在重塑宝洁董事会。这次争夺战耗费了 1 亿美元。尽管佩尔茨以微弱劣势输掉选票，但他被任命为 2018 年董事会成员。

那么发生了什么？我个人的感觉是，这家公司至少在一定程度上丧失了对开放式创新价值的信念。项目早期的许多关键人员已不在公司，而其在开放式创新方面的技能和信念似乎并未得到有效的传承。大萧条确实扰乱了消费品市场长达数年之久，显然，宝洁公司高层需要关注这次衰退可能会损害开放式创新。最近的董事会之争也让人们不再关注创新，而是注重现金流和短期盈利能力的改善。

另一点是，其他消费品公司注意到了"联发"项目的成功，并开始在自己的公司内部进行模仿。我曾亲自与许多这样的公司的内部人士交谈过，包括雀巢、联合利华、卡夫、德尔蒙、庄臣、高乐氏、通用磨坊和家乐氏。当宝洁开始其开放式创新活动时，显然其处于所在行业的领先地位。10年后，当雷富礼重新担任CEO时，所有人都注意到了这一方式，而且大多数公司都效仿了宝洁。也许，宝洁在21世纪初实现的初级成果大部分都被采摘了，而当2013年雷富礼重新担任CEO时，任何新成果都必须在一个更具竞争力的开放式创新环境中获得。

宝洁的经验教训

（1）开放式创新不仅仅是一套实践或策略。它源于一种心态和信念。新的管理者可以很快采用这些做法，但可能不理解其背后的原则及为何有效。

（2）竞争对手也可以采用开放式创新。在创新竞赛中不能停滞不前，要不断试验，不断改进，不断聚焦。

（3）开放式创新领导者需要预测经济的发展趋势，无论是衰退还是增长。创新项目往往在经济衰退中遭受重创，因此开放式创新管理者必须准备相应的应急预案。

实践开放式创新的有效原则

正如本章案例所示，开放式创新远不止众包技术或产品、与大学合作或与初创企业合作。这是一种不同的思维方式，它专注于如何最大限度地利用自己拥有的资产和知识，以及如何从他人拥有的资产和知识中获益。这是一种更加开放、分布式的创新思维。这背后是一种信念，即我们生活在一个富足的世界，在这个世界中，已经存在着如此多有用的知识，值得我们寻找、传播和吸收；我们生活在一个速度和敏捷至关重要的世界。让未使用的想法和技术束之高阁不仅是浪费，还可能让公司错过它们已经拥有的潜在价值。

但开放式创新并非灵丹妙药。交付业务结果有一些必要的要求需要满足。本章提出的一个要求是领导力的作用。对很多公司来说，开放式创新的举措来源于某种危机，不破不立，在那一刻，这些公司认识到有必要尝试一些新的东西，在这种冲动下对开放式创新方法的采用，通常都取得了巨大的成功。

即使一些公司被誉为有效的开放式创新的典范，由于经历了高层管理人员和CEO的更迭，它们的业务增长似乎因此也受到了影响。高层管理人员的支持似乎是创新能否成功的边界条件，即使成功的项目也更容易在领导层发生变化时而不是开放式创新过程中出现问题。

当读完本章时，我的建议是更多地关注表8.1中所示的开放式创新原则，而不是本章详细介绍的各种最佳实践。这些实践会随着客户的变化、竞争对手的进步及新技术和机遇的出现而发生变化。然而，这些原则及其背后的思想可能更持久，因此在你必须面对下一个挑战时对你更有用。

表 8.1　创新原则

封闭式创新原则	开放式创新原则	案　　例
领域中最聪明的人为我们工作	大多数最聪明的人都在别处工作（乔伊定律）	宝洁、通用电气、拜尔、Quirky
为了从创新中获益，我们必须自己发现、开发和推动创新	外部创新有助于创造价值，而内部研发和商业模式需要获得部分价值	通用电气、Quirky、意大利国家电力公司、拜尔、欧洲核子研究中心
如果我们自己发现了，我们必须第一个进入市场	我们不必为了从中获利而发起这项研究	宝洁、意大利国家电力公司、拜尔
如果我们第一个将其商业化，我们就获胜了	建立更好的商业模式比最先进入市场更好	Quirky、意大利国家电力公司、意大利绿色发电公司
如果我们产生了业内最多、最好的创意，我们就获胜了	如果我们充分利用内外部创意，我们就获胜了	拜尔、欧洲核子研究中心、宝洁、意大利国家电力公司
我们必须控制好我们的知识产权，以防竞争对手从我们的创意中获益	我们应该从别人对我们知识产权的使用中获利，并且我们应该购买促进我们自身业务的知识产权	宝洁、意大利国家电力公司、拜尔、欧洲核子研究中心

第八章要点

1. 如果管理得当，开放式创新可以成为增长的强大引擎。

2. 正如意大利国家电力公司和通用电气所示，开放式创新是实现环境可持续性的极具价值的工具。

3. 即使实施了有效开放式创新实践的组织，也难以随时间推移持续增长。Qwirky和宝洁都在努力解决此问题。

4. 需要特定的思维方式来保证开放式创新的长期增长。仅仅遵循这些做法并不能使公司领先于竞争对手。遵循开放式创新原则可能会更持久。

具有中国特色
的开放式创新

第九章

在本书的最后一章，我们将转向世界第二大经济体中国的创新。[1] 改革开放以来的40多年里，中国的经济取得了巨大的成就。一个拥有超过 10 亿人口的贫穷落后国家已经发展成为世界第二大经济体，这一经济奇迹令人印象深刻。也许更重要的是，数亿人摆脱了贫困。各种健康指标，如寿命、身高等都表明中国居民的生活有了显著提高。这是一项巨大的成就，世界因此而变得更好。

中国提供了独特的商业环境，这得益于其庞大的人口、经济及中国政府在国家治理中的独特作用。自2006年开始，中国政府推行"自主创新"政策，旨在实现某些技术目标，并创造中国在技术市场的主导地位，而这些市场过去通常是由日本、韩国和美国的公司主导的。[2]

仅仅通过一章内容，我们无法详细分析所有这些。我们会将重点放在研究开放式创新在中国的作用，以及开放式创新在中国不同行业中的表现上。关于中国创新政策的大部分争论都集中在整体经济层面，[3]但是，从特定经济领域的创新中可以学到很多东西。我们将特别关注三个不同的行业：高铁、汽车和半导体。本章最后以中国科技部主导的国际技术转移协作网络（International Technology Transfer Network， ITTN）和高度市场化的物联网生态企业海尔集团在开放式创新方面的实践，试图阐明"具有中国特色的开放式创新"。

习近平经济思想与开放式创新

习近平经济思想既强调市场在资源配置中的"决定性作用"，同时要求"更好发挥政府作用"。

"必须坚持和完善我国社会主义基本经济制度和分配制度，毫不动摇巩固和发展公有制经济，毫不动摇鼓励、支持、引导非公有制经济发展，使市场在资源配置中起决定性作用，更好发挥政府作用，推动新型工业化、信息化、城镇化、农业现代化同步发展，主动参与和推动经济全球化进程，发展更高层次的开放型经济，不断壮大我国经济实力和综合国力。"（摘自习近平总书记在中国共产党第十九次全国代表大会上的报告）

在报告的另一部分，开方式创新的作用也非常突出。

"开放带来进步，封闭必然落后。中国开放的大门不会关闭，只会越开越大。要以'一带一路'建设为重点，坚持引进来和走出去并重，遵循共商共建共享原则，加强创新能力开放合作，形成陆海内外联动、东西双向互济的开放格局。"

"引进来"是指开放式创新中由外而内的知识流动。它包括外商直接投资，也包括通过与大学研究合作获取外部知识、技术的内向许可、中国风险投资对中国境外初创企业的投资、外部开发产品的逆向工程，以及遵循技术文献。"走出去"是指开放式创新中由内而外的知识流动。这包括来自中国公司的本土开发技术的出口，也包括中国技术的外部许可、中国公司的分拆、中国风险投资对出口到中国以外的中国初创企业的投资，以及中国研究对技术文献的迅速增长的贡献。

中国的开放式创新是"具有中国特色的开放式创新"。开放式创新基本原则在中国不同寻常的制度环境中得到了贯彻。中国是一个快速发展的经济体，拥有快速增长的工业基础和技术能力。[5]中国现在已经实现了国内经济的快速增长，这为大量自主创新创造了良好的环境。

下面让我们从中国三个不同行业（高铁、汽车和半导体）的开放式创新实践，以及海尔集团和ITTN的开放式创新实践，来考察它们对中国进一步创新的启示。

中国行业创新绩效的差异

我们考察的三个行业是高铁、汽车和半导体。首先要注意的是，这三个行业在过去20年的创新绩效各不相同。就高铁而言，中国企业现在主导着国内市场，并与世界各地的高铁技术领先供应商展开竞争。但在汽车领域，虽然整体行业已成为全球最大的国家市场，但中国企业的能力仍落后于世界领先的汽车企业。半导体行业介于两个行业之间，但中国企业的能力也落后于世界领先企业。[6] 因此，通过这三个行业，我们可以观察到中国创新绩效的三个不同水平。[7]

在三个行业中的每个行业，至少都有三类重要的创新参与者。第一类是国有企业。第二类是民营企业。第三类是在中国经营的外国公司，通常在中国开展研发活动。让我们来看看这三类重要的创新参与者如何在三个不同的行业中相互作用。

高铁行业

中国早期的高铁建设显然并不成功。[8] 20世纪90年代末，中国开始投资高铁，但没有一项设计被证明具有商业可行性。与外国公司的合作很多，但这些都是零散的，最终成效不高。反过来，外国公司在技术上处于领先地位，尤其是日本川崎重工和德国西门子这样的公司。

这一切从2004年开始改变，铁道部（2013年，铁道部实行铁路政企分开。国务院将铁道部拟定铁路发展规划和政策的行政职责划入交通运输部；组建国家铁路局，由交通运输部管理，承担铁道部的其他行政职责；组建中国铁路总公司，承担铁道部的企业职责；不再保留铁道部。——译者注）将其产业发展方向转变为"引进、吸收和再创新"。2004 年，铁道部采取了一次大胆举措，致力于制定一份雄心勃勃"四纵四横"高铁网规划路线图。"四纵四横"高速客运专线铁路网线全长超12000公里，相当于所有当时在世界范围内运营的高速线路。这极大地推动了全球对高铁的需求。

铁道部深知，依靠自主技术无法独自实现这一雄心勃勃的目标。因此，中国政府向外国公司开放了国内高铁市场，为这个巨大而有吸引力的机会制定了招标程序。铁道路部不遗余力地鼓励外国参与者参与，包括延长德国西门子加入的最后期限。然而，中国政府也希望通过此次招标提升其国内列车制造商的技术能力，以便它们未来至少可以生产中国所需的部分列车。因此，铁道部对通过与中国合作伙伴联合竞标的方式进入中国高铁市场的外国公司提出了严格的要求。联合竞标要求外国公司向国内合作伙伴进行技术转让，而国内合作伙伴是两家国有企业：中国南车（CSR）和中国北车（CNR）。有四家领先的国际公司参与了转让和竞标：西门子、川崎重工、阿尔斯通和庞巴迪。

外国公司经过评估认为，虽然技术转让存在风险，但巨大的市场需求很容易证明承担风险是合理的。此外，与中国南车和中国北车相比，外国公司知道自己处于显著的技术领先地位。中国南车和中国北车早期的高速列车设计明显不如西方的设计。外国公司认为，中国国内供应商似乎不太可能赶上并超越它们。所以它们都参加了此次招标，希望能服务于"四纵四横"铁路招标创造的新需求。

然而，两家中国国有企业非常善于从西方领先公司吸收新技术。

为什么以前难以掌握早期技术的企业在这次招标中克服了重重困难？此次技术转让的不同之处在于，这一次企业有意识地与大学、研究机构和政府机构联系起来，接受、了解并利用四家外国公司的技术优势组合。换句话说，这次招标更加开放。与此同时，中国政府进行了多项机构投资，以增加大学对这项工作的研究经费。

在初始招标完成后的两到三年内，中国南车和中国北车都在生产CRH380A列车，其性能与西方列车一样，但价格要低得多。在随后的几轮采购中，铁道部从中国供应商那里进行采购。由于中国作为新兴经济体的地位，WTO 规则允许这种支持。中央政府通过合并中国南车和中国北车成立中国中车，进一步推动了这些转型努力，形成了具有全球竞争优势、在全球范围内生产的大型国有企业巨头。在招标中赢得设计竞赛的西门子获得了提供第一列火车并转让其技术知识的合同。然而，由于中国供应商对知识的快速吸收，西门子未能在中国销售更多列车。

如今，政府与中国中车签订了具有吸引力的合同。这将有力地拉动中国高铁技术在许多新兴市场的出口，扩大中国中车现在的领先优势。中国中车如今不仅是成本领先者，而且是一家强大的科技公司。其专业知识不仅限于列车本身，还包括桥梁、立交桥及火车站的设计。

高铁行业展示了政府如何与市场力量合作，在高铁这样的尖端行业中实现技术领先。通过开放式创新促进技术引进，铁道部发挥协调者的作用，确保两大国有企业在国内高铁行业的主导地位，并促进中国国内供应商对高铁技术的传播和吸收，它们比以前更愿意接受外部知识和技术。通过将两家国有企业合并成中国中车，铁道部在高铁和铁路网络建设等方面实现了技术领先和巨大的规模经济。通过"一带一路"倡议等对外开放式创新努力，中国中车进一步扩大规模，降低在国内外提供高铁技术的成本。亚洲基础设施投资银行将为购买中国高铁技术提供资金。

这个例子展示了中国如何利用由外而内和由内而外的开放式创新来实现行业领先。它同样显示了政府和市场力量是如何联合起来取得这一结果的。这一成功结果或许可以说明为什么中国对自己的创新道路以及政府与市场力量的独特结合越来越有信心。

然而，我们接下来将研究的其他两个行业的情况并不乐观。

汽车行业

与高铁行业类似，中国政府在20世纪90年代要求外国汽车制造商通过与中国合作伙伴的合资企业转让技术，以换取进入中国市场的机会。[9]每个想要销售其产品的外国制造商在中国不得不与当地的中国合作伙伴建立合资企业。这需要外国制造商将技术转让给合资合作伙伴，并共同建设足够数量的汽车工厂，以服务于快速扩张的中国市场。今天，中国市场是世界上最大的市场。

然而，20多年后，汽车行业的市场反应并没有达到政府的预期。尽管中国汽车产量大幅增长，在此过程中创造了大量制造业就业机会，但中国汽车制造商在该行业的技术能力仍远远落后于外国公司。[10]中国汽车制造商通过销售这些外国品牌赚了很多钱，以至于合资企业削弱了它们与合作伙伴竞争的动力。[11]虽然外国公司将重要的技术知识转让给了中国合作伙伴，但它们通过不转移最新的、最先进的技术，成功地保持了技术优势。

中国市场的消费者可以自由选择自己喜欢的汽车。随着社会收入的快速增长，汽车已经成为财富和成功的象征。这导致许多中国消费者购买合资企业在中国生产的外国品牌汽车。这些外国品牌继续占据市场主导地位，与中国本土汽车生产企业设计和生产的汽车相比保持技术优势。在中国国内汽车制造商中，产量最大的公司的技术落后于世界一流汽车制造商，而规模较小的公司则更具有全球竞争力。[12] 与高铁相比，中国汽车消费者对面向广大中端市场的"足够好"的技术感到满意，而外国汽车制造商则直接向要求最高的高端汽车客户销售自己的汽车。

在这个行业中，政府的指导作用和市场的决定作用指向了不同的方向。

由于缺乏开放性和地方保护主义，汽车行业仍然高度分散和竞争激烈。分散的生产网络和市场使得任何一家中国本土汽车制造商都很难成为一个"大玩家"。[14]

此外，中国汽车行业最具创新性的是国内民营企业和外国跨国公司。[15] 结果形成了一个两级市场，其中大部分销售和就业来自稳定但技术落后的中国国有企业，而行业的大部分利润和创新来自中国民营企业和跨国公司。后者是引领行业走向未来的企业。

在汽车行业，政府的指导作用与市场的决定作用变成了矛盾的双方。为了有更多的创新，市场力量（以及中国民营企业和跨国公司）需要发挥主导作用。

半导体行业

中国半导体行业被描述为两个截然不同的细分市场，[16] 其模式与上述汽车行业的模式相呼应。[17] 国有企业提供了该行业的大部分销售和就业机会，而且几乎所有这些产出都是在国内市场消费。然而，国有企业落后于业界最先进的技术2~3代。[18] 衡量这种滞后的一个指标是芯片制造技术的线宽。如今，中国国有企业正在生产3~5年前由外国公司生产的线宽产品。在中国不断增长的电子市场，这些是完全可以接受的，但远远落后于西方最好的产品，无法实现大量出口。

不过，中国半导体行业还有第二个细分市场，即生产与全球领先企业线宽相同的产品。该细分市场由半导体行业的中国民营企业组成。作为全球供应链的一部分，中国民营企业的大部分产品都出口到中国以外的国际客户。中国半导体行业中的民营企业一直是将新技术创新引入中国的主要来源。[19]

在半导体行业，芯片设计公司（设计公司）和制造这些设计的公司（制造商或"晶圆厂"）之间存在着进一步细分。设计细分市场由创造力驱动，资本要求低，并且注重巧妙的设计和快速的周转。中国有数百家这样的公司。相比之下，晶圆厂是资本密集型的，因为每个新的晶圆厂设施的建造成本都高达数十亿美元。除了资金，晶圆厂还需要政府在土地使用、能源和水资源获取、物流等方面的许多许可。在这方面，国有企业的情况更好，因为它们与政府的关系密切。与国有企业相比，中国民营企业也取得了长足的进步，并且更快地采用了最新技术。[20]

半导体行业最近已成为中国和西方之间的战略战场。许多外国政府不允许本国企业与中国企业分享其最先进的技术。这降低了中国政府和国有企业采用由外而内的开放式创新来推进其内部技术的能力。

然而，与汽车行业的情况一样，中国对半导体的需求结构也非常多样化。根据价格、产品要求和可用性，半导体被设计成数万或数十万种产品。半导体行业是全球性的，并且受益于允许其许多技术互操作的技术标准。这些标准不要求为特定地区定制产品，允许这些产品服务于全球市场。

该行业的顶尖企业赚取了大部分经济利润，而其他竞争对手则亏本。中国国有企业制造商的技术缺陷限制了其出口能力。相比之下，中国民营企业将大部分产品出口到中国以外。中国半导体行业最具创新性的部分，即新技术的关键来源，是中国民营企业和跨国公司。因此，半导体行业的情况与汽车行业的情况非常相似，但晶圆厂除外，因为它们确实需要更多的资金、政府许可、土地和水资源等。

中国能否双管齐下

中国显然寻求延续过去40年惊人的增长轨迹。中国现在已经在许多领域赶上了世界先进水平。随着越来越接近许多行业的技术前沿，中国企业必须提供更多创新产品和服务，以保持经济增长。这需要仔细权衡政府的指导作用和市场的决定作用之间的关系。

高铁市场是由基础设施发展驱动的，政府在高铁系统的授权、融资和运营方面发挥着关键作用。市场可以被认为是政府对政府的业务。此时，政府的角色非常适合指导市场，因为市场是由寻求高铁利益的其他政府构成的。中国的高铁里程比世界其他地区的总和还多。

此外，"一带一路"倡议沿线的大多数政府都需要融资来支付高铁技术的费用。亚洲基础设施投资银行为高铁技术的成功销售、融资、出口、安装和运营提供了一条畅通的道路。中国中车在销售量、技术成本及与竞争对手相比不断增长的技术能力方面，是当今高铁创新领域的市场领导者。

或许是高铁行业的成功使中国政府认为，民营企业在创新中发挥的作用不够。民营企业是中国许多市场中创新的无名英雄，包括汽车和半导体行业。在汽车行业，像比亚迪这样的民营企业正在开发先进的技术，甚至吸引了像沃伦·巴菲特这样的西方投资者。在半导体行业，像SMIF这样的民营企业及上海和深圳的许多设计公司都远远领先于国内竞争对手。

在三个行业之外，强大的民营企业继续保持高度增长。[22] 阿里巴巴、百度、华为和腾讯等全部或部分民营企业主导着中国科技行业。政府的参与程度因公司而异。中国最大的科技民营企业已成为民族自豪感的象征。它们在利用中国的市场规模和自身的研发以实现创新驱动的增长方面表现出越来越强的实力。[23] 在此过程中，它们不断提高适应能力，以保持竞争优势。例如，在毕马威最近的一项调查中，阿里巴巴在全球最具创新性的公司中排名第七，甚至超过了三星电子。[24]

在开放式创新中的"政府有为"

2011年1月，在中国科技部指导下，国际技术转移协作网络（ITTN）由北京市科学技术委员会支持发起成立，委托北京绿字博明科技发展有限公司运营，并在境外（香港）正式发起注册成为国际技术转移行业组织。2018年，ITTN由科技部国际合作司与火炬中心（2018年）共同认定成为国家级国际科技合作基地（国际技术转移中心类），2021年荣获中国科协颁发"科创中国"榜单2020年"十大产学研融通组织"荣誉。

韦斯特和伯格斯（2014年）研究发现，内向型开放式创新存在信息获取、集成与商业化几个阶段。成立十余年以来，ITTN以发展国际技术转移交流合作为使命，秉承开放式创新理念，构建"第四方"资源平台，通过协作机制、线上平台、资源对接服务等前沿创新技术产业，对外开展跨境创新技术商业化合作，谋求形成可持续发展、市场化机制运行的系统性国际技术转移生态体系解决方案，在"聚集、整合、运营"国际化创新资源方面，形成以下主要特色。

1. 在聚集资源、促进交流方面：依托高级别国际科技合作机制，构建高质量国际化资源体系

在国际科技合作实践之中，"开放式创新"一直以来作为中国应对全球治理体系和国际秩序调整变化的重要理念。2019年5月，习近平总书记主持召开中央全面深化改革委员会第八次会议，会议审议通过了《关于加强创新能力开放合作的若干意见》，其中指出"加强创新能力开放合作，要坚持以全球视野谋划和推动科技创新，吸引和培养高精尖缺人才，提升使用全球创新资源能力，打造开放合作区域高地，参与和引导全球创新治理，优化开放合作服务与环境，以开放促进发展、以改革推动创新、以合作实现共赢，全面融入全球创新网络，推动创新型国家建设"。21世纪以来，全球科技创新进入空前密集活跃的时期，新一轮科技革命和产业变革正在重构全球创新版图、重塑全球经济结构，稳定持续的国际、国内科技创新合作资源组织与工作渠道，是对中国开放式创新实践所需外部资源交流合作的重要支撑。当今世界正经历百年未有之大变局，产业革命加速世界多极化发展的同时，大国战略博弈全面加剧，国际力量对比深刻变化，如何发挥民间对外科技创新合作交流的作用，砥砺拓展科技创新合作渠道，正是当务之急。

ITTN自成立以来，将支撑服务中央部委政府间国际科技创新交流合作项目与平台机制作为重点工作，先后承担30项国际科技创新合作机制

工作任务委托任务，包括中意技术转移中心、中韩企业创新合作中心、中美大学技术转移协作网络、中俄国际技术转移平台等双边机制与亚太经合组织（APEC）基金项目、金砖国家（BRICS）技术转移中心、亚欧科技创新合作中心等多边国际合作机制，并深度参与中国—阿拉伯国家技术转移中心、中国—东盟技术转移中心、中国—南亚技术转移中心等官方机制的筹建、实施等工作任务。立足高级别官方合作机制工作基础，ITTN 有机会广泛联络高质量国际科技创新资源与机构合作伙伴，并形成积累。历经十年发展，协作网络覆盖了全球35个国家、610家专业机构，累计聘请了168位国际技术转移领域影响力人物加入ITTN国际专家委员会。而交流活动又是这些创新机制和资源间发生相互作用的集中体现：ITTN每年组织实施国际技术转移会议超过300场次，邀请专家交流互访超过4000人次，集聚创新技术项目超过3000个，邀请产业创新合作机构代表近三万人参与交流。2013—2018年，ITTN共促成了国际技术转移项目对接21300项次，形成合作意向超过3500个，促成项目落地成果246个。

为应对复杂局面挑战，2019年以来，ITTN与中国科协、科技部国家科技评估中心、中关村科技园区管理委员会形成密切合作，进一步提高契合国际、国内产业创新跨境合作的需求，在"技术项目、重点机构"两个维度，打造"产业创新领先技术百强榜单""全球百佳技术转移案例"两个重点工作品牌，形成高质量、国际化科技创新资源循环体系。

（1）"产业创新领先技术百强榜单"

为形成高质量国际技术转移技术项目资源固定、持续的聚集梳理与遴选推荐机制，ITTN转换传统国别、地区合作组织形式为专业领域赛道，2020年、2021年连续两年面向全球征集优秀国际技术转移合作项目，遴选评审"产业创新领先技术百强榜单"（以下简称百强榜单），在中关村管委会、北京市科委支持下，联合国际欧亚科学院共同在中关村论坛发布。

2021年百强榜单聚焦"创新技术标的"与"技术转移、技术交易合作模式"两项核心特色策划、组织、实施，涉及新一代信息技术、智能制造、生物技术与创新药、高端医疗器械、环保与可持续发展、新能源、新材料、现代农业、智慧交通、高端装备等十大领域，征集渠道依托ITTN全球协作网络工作体系，覆盖意大利、俄罗斯、美国、德国、加拿大等36个国家及地区，以及国内行业协会、双创大赛，以及各高校、科研机构、产业园区，总计入库项目超过2800个，海外项目占比达75%。经过国家科技评估中心及中国科技评估与成果管理研究会专家指导、论证，百强榜单研发了"6+1"核心评定指标体系，包括可参会、可跨境、可落地、可交易、可转移、可转化六项商业合作指标以及技术创新性（包括成熟度、先进性等）。开发、应用更加公平、透明的线上评分系统，邀请技术经理人、技术领域专家与两院院士等高级别评审专家百余名，历经三轮评审流程，以及主办单位的共同认定，产生百强榜单（分布于十大领域），在中关村论坛技术交易大会开幕式环节重磅发布，树立行业评议的权威，形成高质量项目聚集的影响力，为国际、国内重点项目后续合作、投资合作对接等构建坚实的工作基础。

为与百强榜单高质量创新技术项目资源进行衔接，ITTN积极参与中国科协"科创中国"国际技术交易促进科技经济融合工作，在中国科协中国国际科技交流中心、新技术中心支持下，组织国际技术交易线上路演活动，对接"科创中国"试点城市（园区）国际技术交易与创新合作的需求。2020年、2021年"科创中国"技术路演两年累计组织实施路演交流对接活动百余场，成为延续服务重点地区、重点领域、重点产业创新主体"开放式创新"合作的主要工作路径。

在工作成效方面，百强榜单发布的新闻已经被30余家国内外知名媒体报道60余次，项目路演及发布活动在线观看直播人数近百万人次，2020年入榜项目参与路演场次超过10次，达成有效合作意向70多次，实现有效对接400多次；2021年最新入榜项目中，已有超过30个榜单项目与国内技术交易、技术转移达成合作意向。

（2）"全球百佳技术转移案例"

为聚集、梳理和推荐一批海外重点领域优秀创新机构，对接跨境创新技术商业化合作，依据《中国科协2020年服务科技经济融合发展行动方案》《"科创中国"三年行动计划（2021—2023年）》的工作部署，ITTN联合中国科协、中国国际科技交流中心、新技术中心、科技部国家科技评估中心、中国科技评估与成果管理研究会等主办单位，于2020年首次启动"全球百佳技术转移案例"征集、评审与发布工作。

2021年百佳榜单升格成为"'科创中国'2021全球百佳技术转移案例"，先后共征集到海内外250个具有代表性的技术转移相关案例信息。经40余位技术转移与国际合作方向资深专家参与审评，最终形成了包括"最佳跨境创新技术产业化平台案例""最佳交流活动案例""最佳中外产业创新技术合作案例""最佳开放式创新组织与信息共享案例""最佳产学研合作与区域科技经济融合案例"五类技术转移典型案例的最终榜单。2021年9月，在"2021年中国国际服务贸易交易会中国国际技术贸易论坛"上重磅发布。

在每年度百佳案例榜单发布后，ITTN团队在中国科协指导下，形成课题工作组继续落实案例精编工作，梳理入榜案例的详细介绍、组织架构、特色模式、跨境合作实践、技术项目管理与运营、技术转移流程及成效、典型案例等相关内容，形成每篇案例约3000字的分析文章，并编制成册，在中国科协支持下落实出版等后续工作，依托线上平台及联盟工作体系进行推广，为"科创中国"试点城市（园区）、创新枢纽城市，提供科技成果转化成功经验，并形成一批高质量海外优秀创新机构合作资源目标，为后续推动地方机构建立机构间国际创新合作机制、项目，加快构建国际开放式创新生态体系基础。

2. 在整合资源、构建生态方面：链接公共部门与私营部门，搭建第四方平台生态体系

开放式创新实践要求企业内部和外部资源与运作的连同及协作，主要动力来自业界对外部创新资源合作与投资的积极性调动，特别对于中小企业而言更加重要。如何化解企业与外部资源开展创新合作风险，如何有效控制创新成本，如何为创新技术产业化拓展市场通道与资本通道，成为其中关键问题。开放式创新必然面临整合难题，需要解决所有参与者的问题。在ITTN工作实践之中，将构建开放式创新生态体系，实现资源整合，特别是在我国经济社会发展特色背景下推动公共部门与私营部门的资源对接，作为重要工作目标与特色。

（1）链接公共部门与私营部门，整合开放式创新合作资源

2011年ITTN发起成立之初，以北美大学技术经理人协会为蓝本，在2015年科技成果转化修订之前，ITTN极具战略前瞻性地将目标聚焦于技术转移与科技成果转化，在公共部门的高校院所与私营部门的产业创新合作之间，聚集专业机构、专业人员，组织工作能力，提供平台服务；2013年，将ITTN委托市场化主体运营发展，更加赋予平台快速发展的动力与灵活性。

迄今为止的十余年发展历程中，ITTN一方面支撑服务科技部、中国科协、国家发改委、工信部、中科院、国家自然基金等部委官方国际科技合作机制工作，依托官方合作，发展形成海外高质量协作体系，深度把握政府间合作重点国别、领域方向、合作机会与工作资源；另一方面，作为市场化主体，摆脱地域工作限制，通过市场化机制，密切联系合作全国重点地方产业创新平台，以及投资、知识产权、产业园区、孵化加速等"创新链"要素机构，聚焦跨境产业创新合作目标，搭建资源整合平台。与此同时，ITTN先后成为中国科技评估与成果管理研究会副理事长单位、中国国际人才交流与开发研究会常务理事单位、中国国际科学技术合作协会国际技术转移专业委员会秘书处单位，通过人才培养标准制定、标准化文件、工作指南起草以及战略研究等各方面，持续反馈、融合市场化运营之中的经验、意见总结，从而形成有效的沟通机制，助力公共部门政策资源衔接服务私营部门产业创新实践。

（2）搭建国际技术转移第四方平台，构建国际开放式创新合作生态体系

正如日本一桥大学野中郁次郎教授2013年为《开放式创新：创新方法论之新语境》一书作序之中对开放式创新的解读：我们生活在一个全球化的复杂世界里，我们需要一个帮助我们实现双赢结局的理论和惯例，我们需要一个包容的商业模式，让所有利益相关者都受益。开放式创新能够将商业生态系统内的各种知识整合在一起。

开放式创新在国际技术转移工作实践之中，需要更广泛的资源聚集，更全面的产业链、创新链要素整合。作为供给方的高校与科研机构，作为需求方的创新企业、产业园区，以及作为第三方的专业机构（知识产权或律师事务所、投资机构等）与技术经理人参与其中，还

涉及公共部门与私营部门的不同属性定位，以及分布式创新的不同阶段。为持续建立起系统性的资源运营与生态体系建设解决方案，ITTN将组织定位于"第四方"平台，在供应端组织国际技术创新优质资源，构建创新协作网络，覆盖全球35个国家的610家国际技术转移机构，聘请168位国际技术转移影响力领袖加入ITTN国际委员会，建立6个海外分中心和代表处；在需求端，ITTN发掘国内产业合作需求，与此同时，促进第三方中介机构专业化发展，整合跨境创新技术商业价值转化"价值链"专业服务机构能力，不断梳理"国际技术转移生态体系构成（见图9.1）"，补充完善，联系整合，推动"跨国合作、跨界融合、跨越发展"，为开放式创新生态体系所带来的产品、商业模式等价值提升提供了温床，也为整理和传达所需知识、培养相应能力提供了有力载体。

3．在运营国际技术转移重点项目方面：着力国际技术转移人才培养，支撑技术经理人构建市场化、可持续运营机制

21世纪第一个十年之后，创新开始从产品向服务转移。随着信息技术的普及发展，企业更加全球化，客户需求变得更加复杂，局限于产品形式，企业无法完全实现向客户承诺的机制主张，而必须辅之以业务模式之内的服务，有研究称此类变化为从事物导向向事件导向的变化。就创新链而言，聚焦点由此理论解读同步发生变化，体现在创新服务以具体创新技术结果为目标导向，转向以实际应用成效为目标导向。而当下产业技术创新实践对于多个领域跨界融合、整合创新的需求，则更加要求创新服务能够达到资源整合的成效。

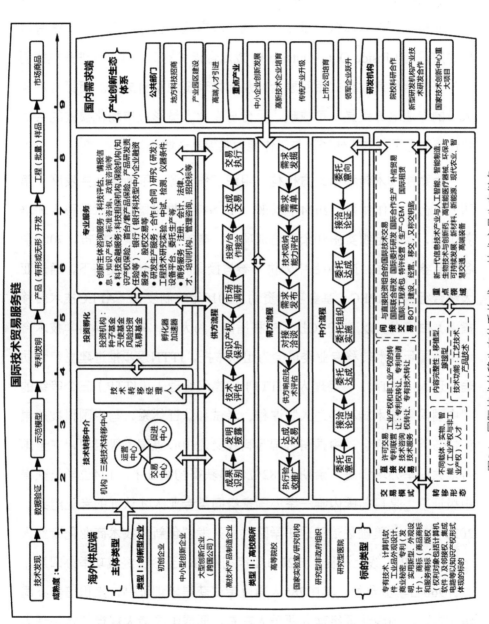

图9.1　国际技术转移生态体系构成——技术交易生态链条

195

在国际技术转移实践之中，国际化的开放式创新在国别、领域、模式、要素等不同维度呈现资源复杂性，必然需要以专业人员为节点，依托专业机构，在具体每个重点项目的跨境商业化合作过程中，实施有目标的知识流（Inside Out，Outside In 或混合模式的）管理，促进开放式创新与开放合作商业模式相互融合，从而体现资源整合成效。而针对从业人员的专业培养更是不可或缺，平台与专业人员形成市场化模式的共赢合作将助力平台的工作资源与工作能力实现高速增长。

为赋能技术转移第三方机构、组织工作资源、不断激活并发展"第四方平台"工作体系，2014年以来，ITTN持续推进国际技术转移人才培养工作，累计组织实施50余个培训项目，覆盖中外30余座城市，7000余名学员参与课程，近200名中外讲师参与授课。在科技部支持下，通过亚太经合组织（APEC）基金项目资助，2019年编制发布《APEC技术转移指南》白皮书。以《APEC技术转移指南》为大纲，中国国际科学技术合作协会国际技术转移专业委员会为组织依托，ITTN逐步推进建立包含助理经理人（ITTA）、经理人（ITTJ）、高级经理人（ITTP）三个等级的"中国国际技术转移经理人"课程、考试和认证体系，与中国科技成果评估与管理研究会、中国科协国际科技交流中心等国家级组织，在全国各地共同举办培训班十余期，782位学员获得初级证书、144位学员获得中级证书，是目前国内唯一举办国家级同类专业人才认证的专业组织。2020年起，与美国佐治亚理工学院共同开发"创新与技术商业化专业人士"（ITCP）线上课程，自2021年年初开始，至今已经成功举办四期，共计960名学员参加，其中785人通过考试获得培训证书，累积培养不同级别国际、国内认证经理人两千人左右，形成国内最大规模技术经理人人才聚集。2022年，ITTN还与牛津大学津雅（Oxentia）合作开发推出高级课程，直接衔接"注册技术转移经理人"（RTTP）国际认证。

与此同时，立足培训形成人才资源积累，ITTN不断探索带动技术经理人工作资源市场化运营，服务国际技术转移具体项目对接、落地合作的工作模式。2022年70余名经理人参加"产业创新技术百强榜单"评审，在项目资源组织、需求资源组织、地方对接合作等工作方向均有成功实践。

创新是经济社会发展的根本动力，科技创新在构建人类命运共同体中肩负着重大使命，加强科技领域务实高效的交流合作成为世界各国应对全球性挑战、实现共同发展的共同选择。面向未来，ITTN将继续以"开放式创新"为核心理念，把握机遇、砥砺前行，为推动"一带一路"科技创新合作，促进国际技术转移与创新合作做出更多贡献。

在开放式创新中的"市场有为"

依托海尔集团"世界就是我的研发部"的开放式创新理念，海尔在2009年搭建了海尔开放式创新平台（Haier Open Partnership Ecosystem，HOPE）。经过十余年的发展，HOPE平台目前已经成为海尔旗下独立的开放式创新服务平台，是一个创新者聚集的生态社区，是一个庞大的资源网络，也是一个支持产品创新的一站式服务平台。

十余年间，通过开放式创新，HOPE平台支持海尔产业线创造了众多的颠覆性产品，如干湿分储和控氧保鲜冰箱、免清洗洗衣机、不会得"空调病"的天樽空调、无一氧化碳排放的传奇热水器、防干烧燃气灶等。HOPE平台每年为海尔成功对接国际技术上百项，解决产业线近百个技术难题。清华大学技术创新研究中心主任陈劲在"中国企业崛起：经验、路径与瞻望"一文中指出：基于HOPE平台支持的技术与产品创新为海尔每年带来至少500亿元的营业收入，HOPE平台每年支撑上市新产品超过60个，年创新增加值超过20亿元。

海尔的开放式创新已经被国内外实践和学术领域广泛关注和认可。2011年，海尔"以开放式研发平台建设为核心的创新体系"项目荣获国家科技进步奖二等奖。2016年，HOPE平台主导的智慧家庭国家专业化众创空间入围科技部首批国家专业化众创空间示范名单。2017年，海尔凭借"'人单合一'开放式创新平台项目"荣获2017年制造业"双创"平台示范企业称号。2018年，HOPE平台入围首届创新中国的创新服务平台榜单。亚马逊畅销书籍《商业的未来传奇：超动态市场中的商业》，把HOPE平台作为唯一入选的中国企业开放式创新典范纳入该书，文中写道："海尔扩展了创新能力，鼓励公司内外的所有人可以便捷地贡献想法和创意。海尔将公司内部的研发中心转变为开放式创新平台，极大地简化了知识交流并将专家纳入不断扩大的社群中，支持扩领域创新。"此书一经发布便收获无数赞誉，更是冲入亚马逊畅销书排行榜前100名，堪称数字时代企业转型的必读之作。作为唯一入选本书的中国企业创新案例，海尔在开放式创新领域的实践不仅为海尔带来了源源不断的创意想法，也让其成为西方学者眼中全球企业创新的典范。

HOPE平台是国内企业从事开放式创新的先驱，在国际上也具有较高的知名度，作为植根于中国的开放式创新平台，HOPE的成功具有重要的现实意义。探索HOPE平台的发展历程，研究其成功的奥秘，对致力于开放式创新的企业，尤其是仍在摸索中的中国企业，具有意义非凡的参考价值。

1. 海尔开放式创新平台的发展历程

海尔自2009年成立开放式创新团队，经历了开放、连接、交互、迭代、共生5个阶段，目前正在围绕场景解决方案构建共创共享共赢的科技创新生态（见图9.2）。

图9.2 海尔的开放式创新发展

（1）开放阶段

把需求向公司外部公布，在全球范围内征集解决方案。

（2）连接阶段

通过各类网络节点，在全球主要创新高地建立全球资源网络，连接研究机构、科技型企业、孵化器等。

（3）交互阶段

建立创新专家社群，各类创新问题在社群内发布和交互。

（4）迭代阶段

建立用户社群，用户需求和新技术零距离交互，形成市场和技术的正循环，新产品快速迭代。

（5）共生阶段

初步形成各类创新要素参与的小型生态，各个成员共创共享共赢，互生、共生，不断发展。

2. 海尔开放式创新平台的做法

（1）聚焦用户需求，以市场为导向，解决企业产品创新难题

《颠覆性创新》的作者克莱顿·克里斯坦森曾经说过，顶级企业之所以能成功，是因为它们认真听取了消费者的建议。他还提到"客户是我们最珍贵的资源，也是我们最主要的思维盲区"。技术是推动创新的重要力量，但如果忽视了用户需求，就会陷入为了"创新"而"创新"的误区，容易造成"叫好不叫座"的窘境。海尔一直坚持以用户为中心，强调用户参与创新，强调用户与技术的零距离交互。HOPE平台充分认识到在产品创新各个流程节点中后端用户参与的重要性。所以，自2015年，HOPE开始启动围绕用户痛点、产品使用习惯洞察为中心的微洞察服务，并在此基础上构建用户社群。HOPE 用户社群致力于打造基于海尔后端用户的在线消费者研究平台，生态伙伴可以通过平台发布各类用户交互任务。通过搜集、整理、分析用户数据，帮助产品团队更深入、更便捷地洞察用户痛点，挖掘潜在的产品及服务创新机会，从而助力每一款新产品的落地。

HOPE用户社群，除后端产品用户外，还包括在线用户研究工具——微洞察平台和在线研究员众包服务两个核心部分。HOPE用户在不同的阶段参与创新。在立项阶段，平台通过"产品""用户"两个维度切入，洞察目标人群对产品的具体需求。在产品开发阶段，定位精准用户，深度挖掘、验证开发各环节的用户需求。在上市前阶段，圈选特定目标用户，完成产品概念、形态、功能的再确认。在上市阶段，追踪上市新品的用户接受度、产品表现，校准产品形态，为产品的迭代升级做准备。

（2）一张全球网络：修渠、织网、精运营，整合全球资源

基于开放式创新理念，HOPE平台构建了"10+N"开放式创新生态体系。在"10+N"理念中，10代表在全球的十大研发中心，N代表根据用户痛点随时并联的N个创新中心。在全球资源网络构建中深耕十余年，HOPE目前全球资源网络覆盖了超过100个核心技术领域，全球可触达资源100万以上。

HOPE运营资源网络的方式，根据资源性质、时间空间等因素的影响，分为线上与线下对接、全资投入与战略合作、定向寻找与主动推荐等多个维度。

①线上与线下对接：主要面向直接技术资源提供方。最初HOPE牵头组织线下对接会，邀请资源方走进海尔对接，举办"海尔创新日"活动，或者走出海尔，到研发机构进行"创新之旅"。随着线上直播、线上会议工具的成熟普及，HOPE目前主要以线上方式组织资源对接会，并形成专门的INNOWITH资源对接平台，承载了专家讲座、TECHLINK技术对接会等直播活动。

②全资投入与战略合作：目前HOPE自有—全资投入的创新中心有5个，分别是以色列创新中心、美国硅谷创新中心、新加坡创新中心、日本创新中心、中国深圳创新中心。自有创新中心的主要职责有三项。

- 创新技术寻源：利用海外创新中心的创新生态资源网络，搜寻可匹配海尔产业研发等需求创新技术，推动引入跨学科突破性创新成果。

- 创新项目管理：对海外创新技术进行背景调查、概念验证、合同谈判、项目对接管理等，帮助企业降低沟通和管理成本，提高合作效率。

- 创新口碑树立：通过举办和参与海外的创新活动，如技术对接会、项目路演、产品和技术展会等，保持海外创新的活跃度，吸引合作伙伴参与。

除全资投入的创新中心，HOPE通过战略合作方式与全球的技术转移公司、核心数据库、知名高校技术转移中心建立长期的合作关系。这些机构接口人注册使用HOPE线上平台工具，实时获取企业需求信息，并针对性地提出解决方案，推荐资源方。

③定向寻找与主动推荐：资源网络解决企业创新问题分为两种方式。一种是基于企业明确的需求，提供针对性的解决方案。HOPE平台在此的作用是通过标准的需求模板，获取真实的需求背景、需要解决的问题、成本参数要求等信息，并做一定的脱敏处理后发布给外部资源网络，进而帮助需方寻找解决方案。另一种是把企业关注的创新方向、长期存在的行业难题整理后发布给外部资源网络，做开放式创新机会点的征集，即HOPE一直提供的主动推荐服务。

④数据抓取之"广撒网—主动监控"与"锁定目标—定向深挖"：HOPE情报服务从最初的靠人工检索的前沿技术信息监控与基本分析，到数据爬虫的线上抓取、筛选+人工的编辑、推广的技术信息服务，再到数据智能的分析、排序、千人千面的内容服务，HOPE内容服务已经成型，并且成为各个客户必选服务之一。内容服务基于数据抓取与数据智能分析，一方面基于HOPE关键词库，主动监控全球相关领域技术、竞品、专利文献的最新进展，为客户提供实时、及时的第一手信息；另一方面也可以提供基于具体关键词的深度数据挖掘服务。相比于一般的咨询公司，HOPE内容服务依托于自有数据平台，以及多年积累的企业创新需求的关键词库及了解核心客户需求的数据业务团队，整体效率、准确率更高。

全球资源网络构建为企业技术创新打开了窗口，将外界创新机会点带到海尔内部，帮助产品部管理层、技术工程师开阔眼界，了解最新行业进展、最新创新技术及应用，激发工程师的创新思路。

（3）一个专家社群：在线匹配技术专家及合作伙伴，提升创新效率

资源网络节点的主体是技术转移公司、机构、高校技术转移中心等一系列中介/中间角色，真正掌握技术的产业、高校/科研机构专家与真正需要技术的企业研发部门、研发工程师因为空间、时间等限制因素，并未真正建立联系。从技术创新的起点到技术落地的终点，创新的能量及效果也因为技术转移中间节点过多、从业人员技术专业性不足等因素而消耗殆尽。到2015年，HOPE在充分认识到上述问题后，开始启动Agent计划，即专家社群的建设，也就是HOPE创新合伙人社群的前身。专家社群的建立，目的是减少中间信息传递节点，让来自不同组织、不同领域的专家，与来自企业不同部门的工程师在同一个网络空间，实时地交互技术成果和技术需求。截至2020年，HOPE专家社群已经累计12万名用户，每年解决各类创新课题500个以上。

从专家来源划分，HOPE技术专家社群包括产业圈和科研圈两部分，除在社群中的常规交互、创新机会点碰撞以外，还分别支撑HOPE不同的业务流。产业圈专家，主要来自大公司、中小企业、初创企业、行业协会等，其主要关注点是海尔的创新需求，希望承接海尔开发项目，通过提供解决方案或者供货与海尔建立合作。所以，这部分人群主要围绕HOPE技术寻源业务在运营。科研圈专家，主要来自高校、科研机构的老师、研究员，其关注的重点是自有技术方案的产业化、在各自技术领域深耕多年的知识经验的高效利用。所以，面向产业圈专家，HOPE的服务主要是线上的轻问答（不付费）、专家咨询（付费形式）、专题报告外

包（付费形式）。科研圈的部分有项目经验或有产业经验的专家教授，也会通过专家咨询等服务，在产品创新早期就切入进来，并作为项目承接方，与企业客户建立深度合作。从技术领域划分，基于多年企业需求数据的积累和自有标签体系的建设，HOPE技术专家社群有侧重地在传感器、食品、热管理、杀菌、水处理、新材料、结构设计、空气净化等几十个与海尔密切相关的技术领域上做社群专家的拉新和运营。技术社群运营策略与HOPE整体的高校战略合作策略、全球资源网络建设运营相结合。

（4）一个方法论体系：解决技术和市场对接的难题

经过十余年的探索，HOPE平台打造了相对成熟并具有中国特色的开放式创新模式，并沉淀了核心的方法论，在用户洞察、需求定义、资源评估等创新服务的关键节点取得突破，解决了创新成果转化的瓶颈问题，为产学研合作摸索了一条有效路径。

①需求拆解：技术转移具有专业性，正确的技术需求拆解是技术转移成功的前提，也是确保精准、快速、有效解决技术难题的关键。通过多年探索，HOPE总结了一套需求拆解方法。经过拆解后的需求，才能快速精准地找到解决方案。

②智能匹配：平台开发了大数据智能匹配系统，首先对用户及资源进行标签化细分，然后基于模式识别的匹配模型，实现用户需求与技术方案的精准匹配。系统不但可以利用用户参与交互的特征定义区分用户，还能够根据用户的需求，将资源库中的技术方案快速匹配到需求上，如果现有库中信息量不够，系统将自动启动爬虫系统，通过网络匹配相关信息。

③资源评估：技术来源一般比较广泛，包括科技创业企业、高校、科研机构、个人发明者等，要在门类繁多的技术创新中确定适合进行转

移的技术，资源评估环节非常关键。HOPE平台建立了一套非常实用的资源五维评估体系，包括评团队、评技术、评产品、评价值和评商务五个环节，深入剖析技术的先进性、成熟度、可行性和市场价值，全方位评估技术资源。

（5）一个载体平台：业务产品和IT产品共生共长助力产品创新提效

HOPE从2013年开始尝试平台化，从最初的外包IT团队进行设计开发到招聘资深IT产品架构师，组建自己的IT团队，帮助HOPE基于业务发展及未来规划，整体地设计IT产品架构。可以说，基于业务需求和业务流程的IT产品架构能力，是支撑HOPE交互、迭代、共生三个发展阶段的重要能力。业务产品和IT产品共生共长，助力了HOPE在产品创新领域实现从点到线到面，最终到体系的发展。

经历过早期的先规划功能、设计上线，IT规划脱离实际业务，上线产品不能支持业务需求，不提效反而增加操作成本的弯路，自2014年以来，HOPE的IT产品开发，一直坚持IT产品设计与业务需求的深度结合。IT产品开发基于用户体验要素各个层级，调研真实用户需求（在此阶段，用户包括业务团队和产品直接用户两类），反复推演真实的业务流程，还原真实使用的场景。所以IT产品开发，也是业务流程梳理和优化升级的过程。

3. 海尔开放式创新平台成功的关键

HOPE平台走出了一条具有中国特色的开放式创新道路。HOPE平台的成功，除了聚焦用户需求、一张全球网络、一个专家社群、一个方法论体系和一个载体平台，以下方面也非常重要。

（1）高层管理者的支持

企业实施开放式创新，需要长期、持续地投入足够的人力、资金和组织承诺。另外，新模式的实施必然导致部分旧模式的淘汰，所以会遇到内部强大的阻力。因此，高层管理者的坚定支持和员工对此转变的足够认可与承诺，是企业能够成功实施开放式创新的保障。开放式创新在海尔的成功，也离不开集团高层的支持。海尔集团创始人张瑞敏提出了"世界就是我的研发部，世界就是我的人才库"，并早在2009年就成立了专门的部门——海尔开放式创新中心来进行开放式创新的实践。这是开放式创新能够在海尔落地生根并发展壮大的前提。

（2）将开放式创新置于公司创新体系主流程

企业研发创新主要作用是支持产品升级迭代，创新过程包括产品创意产生、创意概念的可行性验证、由创意概念到产品模块的转化、经过技术/成本/市场接受度等多维度可行性验证后的产品开发、产品上市销售等。虽然有很多企业设立了专门的部门来实施开放式创新，但绝大多数企业是把开放式创新业务作为传统研发或创新的补充部分和辅助部分，造成了传统研发势力对开放式创新的挤压和排斥。

海尔开放式创新平台在成立之初就与集团的主营业务紧密联系，是直接为海尔各个产业线服务的。HOPE团队在海尔各个产业线都有专门的对接人员，直接为各个产业线的技术难题提供解决方案。通过HOPE团队的开放式创新活动，每年海尔产业线的近百个技术难题得以解决，涌现出大量创新的家电产品。瑞士国际管理发展研究院创新管理学教授比尔·费舍尔（Bill Fisher）曾任中欧国际工商学院院长，对海尔进行了长期的关注，他在对海尔开放式创新平台进行了近距离考察之后说："海尔的开放式创新，是对主流产品的创新，是与海尔的主营业务紧密相关的，也是大胆的、颠覆的、经过验证的，又是包容的，同时它重新思考了组织架构和工作职能。"

（3）感知、消化吸收、再运用新知识的能力

企业实施开放式创新，需要专业的人才和知识。虽然中国国内已经有很多企业对开放式创新进行了尝试，但效果不佳，很大程度上是因为对开放式创新的浅尝辄止。开放式创新不是简单的供需对接，也不是漫无目的的引进。开放式创新需要企业建立强大的感知、消化吸收、再运用新知识的能力。技术信息的感知和捕捉能力固然重要，但技术的转移，包括消化吸收和再运用的能力，才能使开放式创新发挥重大威力。技术转移的核心不是强调技术和技术源本身，而是技术接收方吸收技术，并对之进行消化吸收和利用。只有企业建立了相应的流程和机制，才有足够的驱动力来吸收新技术，企业才能真正从开放式创新中获得收益。

第九章要点

1. 中国开放式创新受国家政策的影响很大。尤其要关注市场的决定作用与政府的指导作用。

2. 在高铁行业，政府的指导作用与市场的决定作用联合，创造了具有世界一流创新能力的组织，能够与世界上最好的竞争对手并驾齐驱。然而，在汽车和半导体行业，市场力量需要发挥主导作用。

3. 政府可以建设高水平的开放式创新平台，为广大中小企业提供高效的开放式创新服务。

4. 平台企业应进一步履行社会责任，在开放式创新方面积极探索，为营造良好的创新生态做出必要的贡献。

注 解

第一章　指数悖论

1. 奇点大学的彼得·戴曼迪斯（Peter Diamondis）也许是倡导指数级技术对社会影响的最著名的学者。他在2012年与史蒂芬·科特勒（Steven Kotler）合著的《富足:未来比你想得更好》很好地介绍了该思想。

2. 参考皮尤研究中心（Pew Center for Research）的网站。在拥有指数级技术的社会里，我们很难期待出现这样的态度。

3. 参考罗伯特·戈登的著作《美国增长的兴衰》（2016年）。

4. 经合组织进一步补充说，由于市场竞争的减少或市场力量的增加，其他企业追赶最好企业的动机可能更少。不过，请注意，经合组织没有提供戈登分析的第一次和第二次工业革命中"最佳实践"分布的任何数据。在那个时代，最好的和其他的之间可能也存在着巨大的差异。

5. 你可以在《华尔街日报》上看到艾尔文·沃拉达斯基–伯格（Irving Wladavsky-Berger）的文章。值得注意的是，麦肯锡的研究对大公司进行了过度抽样，并排除了小公司。因此，即使"21%"这个数字也是对公司使用人工智能的夸大估计。

6. 参考罗伯特·索洛的著作《我们最好小心点》（1987年）。

7. 埃里克·布里诺夫森对IT悖论的研究在20世纪90年代引发了大量讨论，相关出版物大量涌现。在这些书籍中，最容易理解的也许是他与罗兰·希特（Loren Hitt）合著的《迷失的悖论？关于信息系统支出回报的企业层面证据》（1996年）和《超越生产力悖论》（1998年）。

8. 参考奥雷利在Medium上的帖子。

9. 迈克·赫尔塞尔（Mike Helsel）与作者的私人谈话，2014年10月15日。

10. 参考J. 杜·B. 莱廷（J. Du. B. Leten）和W. 范哈弗贝克（W. Vanhaverbeke）合著的文章"与基于科学和市场的合作伙伴一起管理开放式创新项目"（2014年）。

11. 参考K. 劳尔森（K. Laursen）和A. 萨尔特（A. Salter）合著的文章"创新开放：开放在解释英国制造企业创新绩效中的作用"（2006年）。

12. 参考布伦瑞克（Brunswicker）和切斯布洛（Chesbrough）合著的文章"时尚还是现象：开放式创新调查的结果"（2013年）。

13. 参考斯蒂芬·科恩（Stephen Cohen）和布拉德·德隆（Brad DeLong）合著的书籍《务实经济学》（2016年），了解美国政府如何通过政策制定，推动美国基础设施建设，重塑美国经济。这本书细致展现了亚历山大·汉密尔顿开创性的经济重塑，追溯美国政府支持基础设施建设的起源。

14. 参考万尼瓦尔·布什写的一份文件"科学：无尽的前沿"（1945年）。

15. 参考迈克尔·波特和马克·克莱默合著的文章"创造共享价

值：如何重塑资本主义并释放创新和增长的浪潮"（2011年）。

第二章　21世纪的开放式创新

1. 参考布伦瑞克和切萨布鲁夫合著的文章"时尚还是现象：开放式创新调查的结果"（2013年）及"大公司采用开放创新"（2018年）。

2. 参考拉里·休斯顿和纳比尔·萨卡布在《哈佛商业评论》上发表的文章"联发：宝洁公司创新的新模式"（2006年）。

3. 迈克·赫尔塞尔与我的个人对话，2014年10月15日。

4. 参考J. 杜·B. 莱廷和W. 范哈弗贝克的文章。

5. 参考K. 劳尔森和A. 萨尔特的文章。

6. 参考布伦瑞克和切斯布洛合著的文章"时尚还是现象：开放式创新调查的结果"（2013年）。

7. 参考切萨布鲁夫、马塞尔·博格斯、范哈弗贝克和韦斯特合著的书籍《开放式创新：创新方法论之新语境》（2014年）。

8. 参考埃里克·冯·希佩尔的著作《创新民主化》（2005年）。这本书相当详细地讨论了开放式创新，但没有引用我2003年出版的书。在他的书中也没有任何关于商业模式的讨论。

9. 姆·欧其纳（Jim Euchner）有效地将开放式创新与他所谓的"开源创新"区分开来，后者对应于埃里克·冯·希佩尔对这一概念的处理。见欧其纳的"开放式创新的两种风格"（2010年）。

10. 参考史蒂夫·洛尔 (Steve Lohr) 的著作《软件历史上的天才人物》（2001年）第215页引用的托瓦尔兹直言不讳的评论。

11. 安·克里斯汀·泽布（Ann Kristin Zobel）和 本·拜勒斯梅尔（Ben Balsmaier）在合著的一篇文章中，对知识产权保护是削弱还是加强了创新合作进行了测试。测试使用来自光伏太阳能电池板的数据，检查了该行业数百家初创企业的行为，并比较了它们在获得第一项专利前后的协作活动。"免费软件"阵营认为，在初创企业以专利形式证明其知识产权主张之前，协作更容易。"开放软件"阵营不同意，他们认为拥有一些知识产权保护可以让企业进行更多协作，并且至少对企业所拥有技术有一些保护。在这种情况下，实证分析支持开放阵营，而不是免费阵营。

12. 值得注意的是，如今管理 Linux 内核的 Linux 基金会由 IBM、英特尔、甲骨文、戴尔、诺基亚等公司组成。成为董事会成员需要 500000 美元的投资，远远超出任何爱好者的经济能力。这些事实被开放式创新的"开放和分布式"追随者所忽视。

13. 参考切萨布鲁夫的著作《开放式创新：创造技术并从中获利的新需求》（2003年）。

14. 参考迈克尔·波特的著作《竞争战略》（1980年）和《竞争优势》（1985年）。

15. 参考阿尔弗雷德·钱德勒的著作《规模和范围：工业资本主义的动态》（1990年）。

16. 本书第一章回顾了施乐帕洛阿尔托研究中心的经验，并对施乐 PARC 问题的根本原因给出了不同的解释。施乐被认为在利用符合其复印机和打印机商业模式的 PARC 技术方面是有效的。失败在于施乐无法构想出一种替代商业模式，通过这种模式将不符合该模式的技术商业化。相比之下，第五章中的 IBM 的经验表明，企业确实为应对危及企业生存的危机而重新构想了其商业模式。

17. 开放式创新中的一个悖论是思科在 20世纪90 年代惊人地跟上了朗讯及其贝尔实验室的步伐。正如我在2003年出版的书中所指出的那样，"虽然它们是技术非常复杂的行业直接竞争对手，但朗讯和思科并没有以同样的方式进行创新。朗讯投入了大量资源来探索新材料、最先进的组件和系统，以提出能够推动未来产品和服务的基本发现。思科几乎没有进行此类内部研究。相反，思科在创新领导力之战中部署了一种截然不同的'武器'。它看到周围如雨后春笋般涌现的初创企业，这些企业正在将新产品和服务商业化。其中一些初创企业是由朗讯、AT&T或北电的资深人士创立的，他们期望在这些企业工作，并试图围绕这些企业建立新的公司。有时，思科会投资这些初创企业。其他时候，思科只是与它们合作。后来，思科也会偶尔并购它们。通过这种方式，思科获得了可能是世界上最好的工业研究组织的研发成效，却没有进行太多的内部研究"。

18. 虽然这些观点的综合证据尚不明确，但文献中已经记录了一些要素。莱姆利（Lemley）引用了一项研究报告，报告称，大部分专利既没有被公司使用，也没有被公司许可。戴维斯（Davis）和哈里森（Harrison）的报告指出，陶氏一半以上的专利未被利用。萨卡布指出，宝洁公司的业务使用了公司不到10%的专利。

19. 参考卢比克·希克罗瓦（Lubica Hikkerovaa）、尼亚兹·坎蒙（Niaz Kammoun）和 吉恩·塞巴斯蒂安兰茨（Jean-SébastienLantz）合著的文章"专利生命周期：新证据""技术预测和社会变革"。

20. 引自切萨布鲁夫的著作《开放商业模式》（2006年）。

21. 引自切萨布鲁夫的著作《开放商业模式》（2006年）。

22. 参考马克·约翰逊的著作《抓住空白：商业模式创新促进增长和更新》（2010年）、亚历克斯·奥斯特瓦尔德的著作《商业模式生成》（2010年）和《长期规划》特刊（2010年）。该刊物专注于刊登有关商业模式的学术文章。

23. 参考安娜贝勒·加韦（Annabelle Gawer）和 迈克尔·库苏马诺（Michael Cusumano）关于平台领导力的优秀著作（2002 年），深入分析在平台内建立和维持领导力需要什么。 杰弗里·帕克（Geoffrey Parker）和 马歇尔·瓦纳尔斯泰恩（Marshall VanAlstyne）合著的的书籍《平台革命：网络化市场如何改变经济以及如何让它们为您服务》（2016 年）更新了这一思想。

24. 参考切萨布鲁夫的著作《开放式服务创新：新形式下企业生存与发展的再思考》（2011年）。

25. 参考切萨布鲁夫、范哈弗贝克和韦斯特合著的书籍《开放创新：研究新范式》（2006年）。

26. 有关这些调查的详细信息，请参阅切萨布鲁夫和布伦瑞克（2013年和2015年）的调研。我们的样本仅限于年销售额超过 2.5 亿美元、总部位于美国或欧洲的公司。因此，它们无法告知我们小公司使用开放式创新的情况，也无法告知世界其他地方使用开放式创新的情况。

27. 参阅劳尔森和索尔特（2006年）及莱廷和范哈弗贝克（2014年）的分析，两个出色的样本分析表明，在企业中使用开放式创新具有统计上的显著益处。

28. 参考K. 布德罗（K. Boudreau）和K. 拉克哈尼（K. Lakhani）合著的文章"如何管理外部创新"（2009年），该文对在提出问题解决方案的创新社区中竞争与合作的好处进行了很好的讨论。

29. 参考希拉·利夫希茨-阿萨夫在NASA发表的关于OI的优秀文章："打破NASA的知识边界：开放式创新中专业身份的关键作用"（2018年）。

30. 野中郁次郎（Ikujiro Nonaka）和 竹内弘高（Hiro Takeuchi）(1995年) 通过让团队成员彼此广泛接触来确定管理知识的重要性。这对于经验性或隐性知识尤其需要。

31. 在艾米·埃德蒙森（Amy Edmondson）和让·弗朗索瓦·哈维（Jean Francois Harvey） 2017 年出版的《极限团队》一书中，可以找到关于团队在开放式创新计划中的作用的最新分析。他们甚至还让我写这本书的前言！

32. 莫滕·汉森（Morten Hansen）（2001年） 在T型经理的重要性方面做了一些出色的工作。作为T型经理，应该在某个知识领域具有深厚的专业知识，同时拥有与来自其他知识领域的其他专家互动并找到领域之间联系的能力。

33. 参考希拉·利夫希茨-阿萨夫的文章"打破NASA的知识边界：开放式创新中专业身份的关键作用"（2018年）。

34. 参考切萨布鲁夫和陈的研究（2013年）。

35. 参考罗恩·阿德纳的著作《广角镜头》（2012年），该书深入讨论了生态系统中的互补者在促进成功创新或抑制其他有希望的创新成功方面的作用。

36. 参考切萨布鲁夫的文章"通用电气的绿色创想挑战：开放式创新实验"（2012年）。

第三章　从开放式科学到开放式创新

1. 参考保罗·戴维（Paul A. David）的文章"理解'开放科学'机构的出现：历史背景下的功能主义经济学"（2004年）。

2. 同上。

3. 参考罗伯特·默顿的著作《科学社会学：理论和实证调查》（1973年）。

4. 参考博伊索特（Boisot）、诺德伯格（Nordberg）、亚米（Yami）和因克沃特（Incquevert）合著的书籍《讨论与合作：在大型强子对撞机Atlas实验中学习的组织》，了解对欧洲核子研究中心科学管理机构的详细描述。

5. Horizon 2020 计划及其旗舰计划的一种解释是，这些计划旨在通过提供新的资源来鼓励这种发展，专门解决工业对新科学知识缺乏吸收的问题。

6. 例如，在埃里克·冯·希佩尔的最新著作《自由创新》（2016年），他忽略了对商业模式、投资资本的财务回报的需求。

7. 如此成功的商业活动的一个例子来自伯纳斯-李和他的同事在欧洲核子研究中心围绕网络基础所做的开创性工作。伊利诺伊大学香槟-厄巴纳大学的超级计算中心开发了一种浏览器 (Mosaic)，允许人们为这些协议采用"单击式"用户界面。伊利诺伊大学的一名学生马克·安德里森（Marc Andreeson）与加利福尼亚州美国硅图公司（Silicon Graphics）的吉姆·克拉克（Jim Clark）见面，并成立了网景（Netscape）。网景真正为单击式用户界面开发了第一个商业模式，通过免费赠送客户端浏览器，并向内容所有者收取在网络上发布其内容所需的工具的费用。直到那时，互联网的商业用途才开始起飞，因为网景为互联网部署了第一个真正的商业模式，该模式以前仅限于科学和技术用途。

8. 参考阿尔弗雷德·诺斯·怀特黑德的著作《科学与现代世界》（1925年）。

9. 想想亨利·罗兰教授的强烈抗议，他哀叹像爱迪生这样的"修补匠"损害了像自己这样的科学家的声誉。1883年，他在美国科学促进会（American Academy for the Advancement of Science）发表演讲时宣称："在我这个位置上的人应该思考的问题是，我们必须要做些什么才能创造出我国的物理学，而不是把电报机、电灯和其他的便利设施称之为科学……但即使在我们的科学协会里，危险离我们还是很近。当协会的平均素质不高、当最高的荣誉给予平庸之辈、三流水准的人被树立成榜样、微不足道的发明被夸大为科学发现时，这种协会影响就是有害的。"

10. 参考肯尼斯·阿罗的文章"发明的经济福利和资源分配"（1962年）。

11. 参考万尼瓦尔·布什提交给美国总统的一份文件"科学：无尽的前沿"（1945年）。

12. 塞缪尔·科图姆（Samuel Kortum）和乔什·勒纳（Josh Lerner）合著的文章"最近专利激增的背后是什么？"（1999年）。

13. 与亨利·罗兰兹形成鲜明对比的是刚刚退休的斯坦福大学校长。约翰·亨尼西（John Hennessey）是一位著名的计算机科学家，也是斯坦福大学工程学院的前院长。在他的学术生涯中，他曾请三次假来创办新公司，并在撰写本文时担任谷歌和思科的董事会成员。虽然罗兰兹会感到震惊，但亨尼西很可能是大学领导者的新榜样，他将研究知识与应用知识的丰富经验相结合。

14. 参考切萨布鲁夫的著作《开放式创新：创造技术并从中获利的新需求》（2003年），以及詹姆斯·贝森（James Bessen）的论文《按所有者和专利特征划分的美国专利价值》。

15. 参考美国国家科学基金会的科学技术指标报告。

第四章　开放式创新的后端

1. 当我们在第五章中研究开放式创新在精益创业过程中所发挥的作用时，我们将再次看到这些共享服务及其组织挑战。

2. 参考希拉·利夫希茨-阿萨夫在NASA发表的关于OI的优秀文章："打破NASA的知识边界：开放式创新中专业身份的关键作用"（2018年）。她对NASA的研究工作源于她的顾问卡里姆·拉哈尼教授的高管教育课程。与会者包括来自美国宇航局的一些人，卡里姆能够与他们接触，并最终让他的博士生希拉参与了该组织的长期研究。希拉于2014年在加利福尼亚州纳帕举行的首届世界开放式创新大会上首次展示了这项工作。

3. 参考切萨布鲁夫和布伦瑞克的研究（2013年）。

4. 这一定义来自切萨布鲁夫、范哈弗贝克和韦斯特合著的书籍《开放创新：研究新范式》（2006年）。警觉的读者可能会注意到，正如本书第一章所讨论的，这个定义已经更新。遗憾的是，定义更新发生在我们进行调查之后。

5. 我非常感谢我以前的学生金秀英（Sohyeong Kim）、莫里斯·哈金（Maurice Hagin）、安娜·鲁米安艾娃（Anna Roumiantseva）、宋佳音（Jiayin Song）和沃尔夫冈·萨克森霍夫（Wolfgang Sachsenhofer）对这一章内容的贡献。

6. 尽管该中心继续像收购前一样运作，但微软于 2018 年 6 月以 75 亿美元收购了Github。

7. 请参阅英特尔实验室案例，了解英特尔组织其研究职能的简短历史。如该案例所示，尽管英特尔的业务高度依赖研究突破，但它在将研究与开发分离方面有过负面体验。

8. 请注意直到2016年夏季，第一作者仍是英特尔欧洲实验室的负责人。

9. 戴尔于2016年以 670 亿美元收购EMC。我还不能确定这里描述的EMC流程是否在收购中幸存。我将它们包括在此处是因为EMC创新部门内从技术推动到业务部门拉动的转变与许多公司相关。

第五章　精益创业和开放式创新

1. 参考埃里克·莱斯的著作《精益创业》（2011年）。

2. 埃里克·莱斯是史蒂夫·布兰克的学生，也参与了史蒂夫·布兰克投资的公司。埃里克随后发展了自己对精益的思考，精益创业应运而生。所以埃里克和史蒂夫都对精益创业概念做出了根本性的贡献。

3. 参考史蒂夫·布兰克和鲍勃·道夫（Bob Dorf）合著的书籍《创业者手册》（2012年），其中涉及这些定义。

4. 谷歌前执行主席埃里克·施密特（Eric Schmidt）多次讨论过这种资源分配。

5. 我与理查德·罗森布鲁姆（ Richard Rosenbloom）（2002年）的论文在PARC的背景下详细讨论过这个问题。我们表明，当 PARC 技术与施乐的复印机和打印机商业模式保持一致时，技术很容易被吸收。施乐难以管理的正是"错配"技术（也称为"假阴性"技术），因为它们与施乐的商业模式不符。

6. 虽然精益项目负责人可能想利用公司品牌来加强新项目对潜在客户的价值主张，但公司的首席营销官会拒绝。品牌需要数年或数十年的时间才能建立，并且可能会很快遭到破坏。如果出现问题，一些不稳定的 MVP 可能会给品牌带来巨大的麻烦。（初创企业并不担心这一点。）一种解决方案是创建子品牌（如 Google Beta 或 Google Labs），以表明MVP 原型的不同特征，同时传达品牌企业的支持。另一种方法是创建一个"白盒"品牌，用于测试新想法，同时保持企业品牌的独立性。

7. 如需更多信息，请参阅我在史蒂夫·布兰克网站上发表的帖子。

8. 参考韦伯林（Weiblen）和切萨布鲁夫合著的文章"与初创企业合作以提高企业绩效"（2015年）。

9. 参考菲尔（Piller）的文章"与客户的开放式创新：众包和共同创造"（2010年）。

10. 参考Telefonica"精益大象"案例。

11. 物联网是嵌入电子、软件、传感器和网络连接的物理对象或"事物"的网络，使这些对象能够收集和交换数据。

12. SIM卡是一种芯片，可以安全地存储手机用户号码和其他需要使用的信息。这种便携式、可更换内存芯片用于某些手机型号以及其他电子设备。

13. 参考苏珊娜·朱拉多（Susana Jurado）和玛丽亚·奥拉诺合著的文章"精益大象：解决大公司的创新挑战"。

14. 同上。

15. 伊恩·斯莫尔于 2018 年 10 月离开 Telefonica，成为 Evernote 的 CEO。

第六章　与初创企业合作创新

1. 韦伯林和切萨布鲁夫（2015年）曾发表过本章所述的早期观点。

2. 参考丽塔·麦格拉斯（Rita McGrath）的著作《竞争优势的终结》（2013 年）。该书深入讨论了为什么大型组织无法再享受长期的、持续的竞争优势。麦格拉斯表示，在一个动荡、不确定、复杂和模棱两可的世界中，公司最渴望的可能是一系列暂时的竞争优势。

3. 参考《美国NVCA年鉴》。

4. 参考美国企业孵化器协会的档案。

5. NSF I-Corps 源于加州大学伯克利分校的哈斯商学院，由史蒂夫·布兰克和安德烈·马奎斯（Andre Marquis）领导。每周（持续时间通常为8~10周）每家创业公司都必须针对想法进行至少十次客户访谈。对此次培训结果的一项早期分析发现，虽然典型的SBIR申请者对第一阶段奖项的接受率为18%，但I-Corps毕业生对SBIR资助接受率接近60%，提高了两倍。朗达·施拉德（Rhonda Shrader）今天继续执行I-Corps计划。多年来，数百个创业团队在伯克利接受了培训，100多所大学用这种I-Corps方法培训了自己的教授。如果算上所有这些教授教过的创业团队，我们保守估计，数以万计的创业团队已经通过了这个严格的为期8~10周的课程。

6. 在中国，情况全然不同。在中国，几乎一半的创业公司股权投资来自企业，尤其是三大巨头（阿里巴巴、百度和腾讯）。

7. 参考保罗·冈波斯（Paul Gompers）的文章"企业和创新融资：企业风险投资经验"（2002年）。

8. 有关将CVC投资与公司战略联系起来的更详细讨论，请参考切萨布鲁夫的文章"了解企业风险投资"（2002年）。

9. 参考海曼·帕克（Haemin Park）和凯文·斯泰斯玛（Kevin Steensma）合著的文章"企业风险投资何时为新企业增加价值？"（2012年）。

10. 参考美国国家风险投资协会的宣传手册。据报道，企业风险投资者在2017年参与了1403笔交易，总价值为363亿美元，占当年所有风险投资的44%。2018年前三季度，共有1096笔投资，资金总额为393亿美元，占所有风险投资的47%。

11. 参考切萨布鲁夫的著作，了解施乐分拆公司的历史及它们是如何获得资金的。朗讯的 New Ventures 计划在切萨布鲁夫和索科洛夫（Socolof）的著作（2000年）中有详细讨论。

12. 参考安德烈·马奎斯和玛纳夫·苏博德（Manav Subodh）合著的书籍Hypershift（2014年）。

13. 安娜贝尔·加沃（Annabelle Gawer）和迈克尔·库苏马诺

（Michael Cusumano）的工作是介绍平台的优秀作品。《产品创新管理杂志》2014年5月第31期的"产业平台和生态系统创新"一文，对其工作进行了有益的总结。另一个有用的参考文献是杰弗里·帕克、马歇尔·范斯泰恩和桑吉特·乔杜里合著的《平台革命：网络化市场如何改变经济以及如何让它们为您服务》（2016年）。

14. 制药行业中越来越多的活动正在为未使用或废弃的化合物创建离开内部实验室的途径。参见切萨布鲁夫和陈合著的文章"通过扩展的外部知识产权许可回收废弃化合物"（2013年）。

第七章　智慧城市和智慧乡村的开放式创新成果

1. 参考理查德·佛罗里达（Richard Florida）的著作《城市与创意阶层》（2005年）。

2. 参考梅丽莎·李（Melissa Lee）艾斯特韦·阿尔米拉利和乔纳森·韦勒姆合著的文章"开放数据和公民应用程序：第一代失败，第二代改进"（2016年）。在巴基奇（Bakici）、阿尔米拉利（E. Almirall）和韦勒姆（J. Wareham）合著的文章"智慧城市倡议：巴塞罗那案例"中可以找到一个更早期、更有希望的评估。

3. 参考丹比萨·莫约的尖锐批评，见其著作《死亡援助：为什么援助不起作用及如何为非洲找到更好的方法》，虽然她研究了对非洲的援助，但她的批评也延伸到了其他不发达经济体的农村。

4. 同上。

5. 同上。

6. 同上。

7. 同上。

8. 同上。

9. 本章取材于所罗门·达尔文和亨利·切萨布鲁夫的更广泛的案例研究和教学笔记。

10. 来源：美国疾控中心。

11. 来源"逆向创新"：通用电气使印度成为全球市场和知识的实验室。

12. 来源：美国农业部自然资源保护局。

13. 镇议会的总预算约为每年 8000 美元，远远不足以支持任何 IT 基础设施投资。

14. 参考C. K. 普拉哈拉德（C. K. Prahalad）在其著作《金字塔底部的财富：通过利润消除贫困》（2006年）中的有益分析。

15. 参考埃里克·莱斯的著作《精益创业》（2011年）。

16. 参考一个当地非政府组织致力于向印度和其他农村地区的其他地方传播智慧乡村项目的例子。

17. 参考马克·克莱默和迈克尔·波特合著的文章"创造共享价值：如何重塑资本主义并释放创新和增长的浪潮"（2011年）。

第八章　开放式创新的最佳实践

1. 参考拉里·休斯顿和纳比尔·萨布卡合著的文章《联发:宝洁公司创新的新模式》（2006年）。

2. 参考切萨布鲁夫的著作《开放式商业模式》（2006年）。

3. 本节基于一个较长的案例研究。参见切萨布鲁夫的文章"通用电气的绿色创想挑战：开放式创新实验"（2012年）。

4. 本节基于一个较长的案例研究。参见萨布鲁夫的文章"创新@ENEL：从垄断权力到开放权力"（2016年）。

5. 参考D.霍恩谢尔（D. Hounshell）和J.史密斯（J. Smith）合著的书籍《科学与战略：杜邦1902—1980》（1988年）。霍恩谢尔和史密斯描述了杜邦在建立第一家研发机构的早期是如何追随拜耳的。

6. 资料来源：大卫·塔莫舒斯（David Tamoschus）、克里斯托夫·海瑞斯（Christoph Hiererth）和莫妮卡·莱斯尔（Monika Lessl）合著的论文"开发管理药物创新生态系统的框架"，该论文2015年12月在加利福尼亚州圣克拉拉举行的世界开放式创新大会上获得最佳新兴学者论文奖。

7. 同上。

8. 有关Quirky模式的讨论，请参阅卡拉·里格利（Cara Wrigley）和卡尔拉·斯塔克（Karla Straker）合著的文章"使用促进实验的框架设计创新商业模式"。

9. 糟糕想法的一个例子来自通用电气的绿色创想挑战。提交的想法中有一个是将电鳗放入池塘中，然后插入一根电线以提取它们产生的电力。另一个想法是在卡车后部放置一个风车，并捕获产生的风能。（如果你不知道为什么后一种想法不好，请查阅有关热力学第二定律的文本！）

10. 在切萨布鲁夫与布伦瑞克就大型公司采用开放式创新进行的两次大型抽样调查中，众包是10种不同的由外而内的开放式创新实践中使用最少的。这种低使用率表明，许多大公司充分认识到众包的局限性（即使我的学术伙伴们并没有）。

11. 切萨布鲁夫和罗森布鲁姆（2002年）在施乐及其许多PARC衍生技术的背景下有力地说明了这一点。

12. 已证实这种处理后台和前台IP的方法在其他地方有效。国际微电子联盟（IMEC）就是鲁汶大学的一个这样的例子，这些 IP 方法已经存在很多年了。见"大学间微电子中心"，切萨布鲁夫、范哈弗贝克和奥杜萨尼亚，伯克利哈斯案例系列（2009年）。

13. 参见切萨布鲁夫的"神经疗法冒险:催化神经学创新"（2002年），这是非营利组织寻求以不阻碍该技术后续发展的方式推进新疗法的一个案例。

14. A. G. 雷富礼和拉姆·查兰，《游戏颠覆者》（2008 年）。

15. 2013年，时任宝洁联发项目主管的阿肖克·查特吉（Ashok Chatterji）在我伯克利的课堂上的访谈。

16. 自切萨布鲁夫的"开放式创新的时代"（2003年）。

第九章 具有中国特色的开放式创新

1. 本章的观点和证据是受到与伯克利研究小组的索维·李（Sohvi Leih）博士和北京大学的梅亮合作的启发。本章观点的早期版本出现在提交给第五届世界开放式创新大会的一份会议文件中，题为"开放式创新——中国特色的开放式创新"。与傅晓兰的讨论也让我受益匪浅。她2015年出版的《中国的创新之路》，追溯了中国创新能力的发展历程。

2. 参考S. 布拉赫曼（S. Brachman）（2015年），对于外国知识产权所有者来说，中国对自主创新的支持是个问题。

3. 伊丽莎白经济令人印象深刻的著作《第三次革命》（2018年）。

4. 参考傅晓岚《中国创新之路》（2015年），该书是对中国过去40年创新活动的权威叙述。

5. 这种不平衡的创新绩效模式存在三个特定行业之外。中国的可再生能源技术已跃居世界前列，中国的光伏技术现已出口到世界各地。但在其他行业，中国企业的创新表现落后于世界上最好的企业，如平板显示器或制药行业。

6. 本节内容源于梅亮的工作，他是加州大学伯克利分校哈斯商学院2017—2018 年的博士后。他现在北京大学任教。他在第四届世界开放式创新大会上的论文获得了当年的最佳论文奖。

7. 本节受到李显君教授及其学生的工作的影响。李教授在清华大学汽车工程系工作。他的两个学生徐可和孟东辉是加州大学伯克利分校的访问学者，在那里我有机会直接与他们一起工作。

8. 关于这一点，请参考李显君等人的文章"后发企业模仿的技术创新：来自中国汽车企业的证据"（2014年）。

9. 请参考舒曼发表的文章"中国汽车行业需要一次大变革"。

10. 参考李显君教授的研究"价值转移、路径创新与竞争优势——基于中国汽车企业的实证分析"（2019年）。李显君教授的研究表明，中国汽车企业规模越大，创新能力越弱。

11. 请参考K. 布拉舍尔（K. Bradsher）在《纽约时报》发表的文章"中国正在开放汽车市场：但汽车公司认为还不够"（2018年）。

12. 请参考D. 马（D. Ma）的文章"中国的产业政策能决定赢家还是只是激起泡沫？"和舒曼的文章"中国的电动汽车产业只是在搅动泡沫"。

13. 参考李显君教授等人的"后发企业模仿的技术创新：来自中国汽车企业的证据"。

14. 参考我与大卫·提斯（David Teece）的早期作品"半导体行业研发的全球化"（2005年）。

15. 参考我与傅晓岚及其同事的作品，"开放创新作为对约束和风险的回应：来自中国的证据"（2014年）。

16. 参考C. 庭芳（C. Ting-Fang）的文章 "中国新兴芯片公司旨在推翻三星、英特尔和台积电"（2018年）。

17. 参考切萨布鲁夫、梅亮、冯·海伦的论文"中国半导体行业的研发投资回报和溢出效应：两个部分的故事"。

18. 参考P. 克拉克（P. Clarke）的文章"中国排名前十的芯片公司"（2017年）。

19. 参考C. 凯德尔（C. Cadell）"筹码下降：随着贸易战的临近，中国旨在促进半导体发展"（2018年）。

20. 叶志强（George Yip）和布鲁斯·麦肯恩（Bruce McKern）的著作《中国的下一个战略优势》中很好地捕捉了这些成就。

21. 参考M. M. 贝的文章"在中国，创新是双向的"（2017年）。

参 考 书 目

1. Aad，G. et al. 'Observation of a New Particle in the Search for the Standard Model Higgs Boson with the ATLAS Detector at the LHC'，Physics Letters B，716.1（2012），pp. 1–29：doi：10.1016/j.physletb.2012.08.020.

2. Adner，Ron. The Wide Lens：a New Strategy for Innovation. Portfolio/Penguin，2012.

3. 'Archives'. Innovation America，2016.

4. Arrow，Kenneth，1962. 'Economic Welfare and the Allocation of Resources for Invention'，NBER chapters，in：Richard Nelson，The Rate and Direction of Inventive Activity：Economic and Social Factors，pp. 609–26，National Bureau of Economic Research，Inc.

5. Baden-Fuller，Charles et al.，（eds）. 'Long Range Planning'，43.2–3（April 2010），pp. 143–462.

6. Bakıcı，Tuba et al. 'A Smart City Initiative：the Case of Barcelona'，Journal of the Knowledge Economy，4.2（2012），pp. 135–48：doi:10.10071513132-012-0084-9.

7. Baldwin，Carliss，and Eric Von Hippel. 'Modeling a paradigm shift：From producer innovation to user and open collaborative innovation'，

Organization Science，22.6（2011），pp. 1399–417.

8. Bey，Matthew.'In China，Innovation Cuts Both Ways'，Stratfor（October 24，2017），world- view.

9. Blank，Steve.'Steve Blank：Why Internal Ventures Are Different from External Startups'，Steve Blank，March 26，2014.

10.Blank，Steve，and Bob Dorf. The Startup Owner's Manual：the Step-by-Step Guide for Building a Great Company. K&S Ranch Publishing，2012.

11. Bogers，M.，A. K. Zobel，A. Afuah，E. Almirall，S. Brunswicker，L. Dahlander，L. Frederiksen，A. Gawer，M. Gruber，S. Haefliger，and J. Hagedoorn，2017.'The open innovation research landscape：Established perspectives and emerging themes across different levels of analysis'，Industry and Innovation，24.1，pp. 8–40.

12. Boisot，Max，Markus Nordberg，Said Yami and Bertrand Niquevert. Collisions and Collab- oration：the Organization of Learning in the Atlas Experiment at the LHC.，Oxford University Press，2011.

13. Boudreau，Kevin J.，and Karim R. Lakhani.'How to Manage Outside Innovation'，MIT Sloan Management Review，50.4（2009），pp. 69–76.

14. Boudreau，Kevin J.，and Karim R. Lakhani.'The confederacy of heterogeneous software organizations and heterogeneous developers：Field experimental evidence on sorting and worker effort'，The Rate and Direction of Inventive Activity Revisited. University of Chicago Press，2011，pp. 483–502.

15. Brachmann, Steve. 'Chinese Support of Indigenous Innovation Is Problematic for Foreign IP Owners'.

16. Chesbrough, Henry. 'GE's Ecomagination Challenge: An Experiment in Open Innovation', California Management Review, 54.3 (April 1, 2012), pp. 140–54.

17. Chesbrough, Henry. Telefonica Lean Elephants Case. HBS No.

18. B5863-PDF-ENG. Boston, MA: Harvard Business Publishing, 2016.

19. Chesbrough, Henry. Innovation @ENEL: From Monopoly Power to Open Power. Case Study. Berkeley. Berkeley Haas Case System, 2016.

20. Chesbrough, Henry, and Eric L. Chen. 'Recovering Abandoned Compounds through Expanded External IP Licensing', California Management Review, 55.4 (2013), pp. 83–101: doi: 10.1525/cmr.2013.55.4.83.

21. Chesbrough, Henry and Liang, Feng. 'Return to R&D Investment and Spillovers in the Chinese Semiconductor Industry: A Tale of Two Segments', 2008 Industry Studies Conference Paper.

22. Chesbrough, Henry, and Richard S. Rosenbloom. "The role of the business model in capturing value from innovation: evidence from Xerox Corporation's technology spin-off companies." Industrial and corporate change 11.3 (2002): 529–555.

23. Chesbrough, Henry W., and Stephen J. Socolof. "Creating new ventures from Bell Labs technologies." Research-Technology Management 43.2 (2000): 13–17.

24. Chesbrough, Henry and David Teece (2005), 'The Globalization of

R&D in the Semiconductor Industry, final report to the Alfred P. Sloan Foundation', New York, NY.

25. Chesbrough, Henry William, Wim Vanhaverbeke, and Joel West. Open Innovation: Researching a New Paradigm. Oxford University Press, 2006.

26. Chesbrough, Henry, Wim Vanhaverbeke, and Joel West. New Frontiers in Open Innovation. Oxford University Press, 2014.

27. Clarke, Peter. 'Top Ten Chinese Chip Companies Ranked', EeNews Analog, December 19, 2017.

28. Cohn, D'Vera, and Paul Taylor. 'Baby Boomers Approach 65: Glumly', Pew Research Center's Social & Demographic Trends Project, April 10, 2014.

29. Cohen, Stephen S., and J. Bradford DeLong. Concrete Economics: the Hamilton Approach to Economic Growth and Policy. Harvard Business Review Press, 2016.

30. 'Connect + Develop', PG Science.

31. Crichton, Danny. 'China VC Has Overtaken Silicon Valley, but Do Aggregate Numbers Tell the Whole Story?'

32. Darwin, Solomon and Henry Chesbrough. Prototyping a Scalable Smart Village to Simultaneously Create Sustainable Development and Enterprise Growth Opportunities. HBS No. B5886-PDF-ENG. Boston, MA: Harvard Business Publishing, 2017.

33. David, Paul A. 'Understanding the Emergence of 'Open Science' Institutions: Functionalist Economics in Historical Context',

Industrial and Corporate Change, August 1, 2004: academic.oup.com/icc/article/13/4/571/718486.

34. 'Dengue | CDC', Centers for Disease Control and Prevention.

35. Diamandis, Peter H. Abundance: the Future Is Better than You Think. Simon & Schuster, 2015.

36. Du, Jingshu, et al. 'Managing Open Innovation Projects with Science-Based and Market-Based Partners', Research Policy, 43.5 (2014), pp. 828–40: doi: 10.1016/j.respol.2013.12.008.

37. Economy, Elizabeth C. The Third Revolution: Xi Jinping and the New Chinese State. Oxford University Press, 2018.

38. Edmondson, Amy C., and Harvey Jean-François. Extreme Teaming: Lessons in Complex, Cross-Sector Leadership. Emerald Publishing, 2017.

39. 'EGI Advanced Computing Services for Research'.

40. Euchner, James A. 'Two Flavors of Open Innovation', Research-Technology Management, 53. 4 (2010), pp. 7–8: doi: 10.1080/0895 6308.2010.11657634.

41. Florida, Richard L. Cities and the Creative Class. Routledge, 2005.

42. Fu, Xiaolan. China's Path to Innovation. Cambridge University Press, 2015.

43. Fu, Xiaolan, et al. 'Open Innovation as a Response to Constraints and Risks: Evidence from China', Asian Economic Papers, 13.3 (2014), pp. 30–58: doi: 10.1162/asep_a_00289.

44. Gawer, Annabelle, and Michael A. Cusumano. Platform Leadership:

How Intel, Microsoft, and Cisco Drive Industry Innovation. Harvard Business School Press, 2002.

45. Gawer, Annabelle, and Michael A. Cusumano. 'Industry Platforms and Ecosystem Innovation', Journal of Product Innovation Management, 31.3（2013）, pp. 417–33: doi: 10.1111/jpim.12105.

46. Gompers, Paul A. 'Corporations and the Financing of Innovation: The Corporate Venturing Experience' Economic Review, 87.4（2002）.

47. Gordon, Robert J. The Rise and Fall of American Growth: the U.S. Standard of Living since the Civil War. Princeton University Press, 2016.

48. Hansen, Morten T. "Introducing T-shaped managers. Knowledge management's next generation." Harvard Business Review 79.3 （2001）: 106–16.

49. Hardy, Quentin. 'Google's Innovation: And Every one's?' Forbes Magazine, August 18, 2011.

50. Helsel, Mike. Personal interview. October 15, 2014. 'Hi, We Are Research & Development', Telefonica Research and Development.

51. Hikkerova, Lubica, et al. 'Patent Life Cy cle: New Evidence', Technological Forecasting and Social Change, 88.C（October 2014）, pp. 313–24: doi: 10.1016/j.techfore.2013.10.005.

52. 'Home', ATTRACT Project.

53. Hounshell, David A., and John K. Smith. Science and Corporate Strategy: Du Pont R and D, 1902–1918. Cambridge University Press, 1989.

54. Huang, Yasheng. Capitalism with Chinese Characteristics:

Entrepreneurship and the State. Cambridge University Press，2008.

55. Huston，Larry，and Nabil Sakkab.‘Connect and Develop：Inside Procter & Gamble’s New Model for Innovation’，Harvard Business Review，February 7，2006.

56. ‘Internet of Things’，Wikipedia，Wikimedia Foundation，April 12，2019.

57. Johnson，Mark W. Seizing the White Space：Business Model Innovation for Growth and Renewal. Harvard Business Press，2010.

58. Jurado A.，Susana，et al.‘Lean Elephants：Addressing the Innovation Challenge in Big Companies’，Innovation and Research Telefonica.

59. Kortum，Samuel，and Josh Lerner.‘Stronger Protection or Technological Revolution：What Is Behind the Recent Surge in Patenting?’Research Policy，28.1（January 12，1999），pp. 1–22：doi：10.3386/w6204.

60. Kramer，Mark R.，and Michael Porter."Creating shared value." Harvard Business Review 89.1/2（2011）：62–77.

61. Lafley，Alan G.，and Ram Charan. The Game-Changer：How You Can Drive Revenue and Profit Growth with Innovation. Crown Business，2008.

62. Lakhani，K. R.，K. Hutter，S. Healy Pokrywa，and J. Fuller，‘Open Innovation at Siemens’，Harvard Business School，Case 613，100，（2013）.

63. Laursen，Keld，and Ammon Salter.‘Open for Innovation：the Role of Openness in Explaining Innovation Performance among U.K. Manufacturing Firms’，Strategic Management Journal，27.2（November 21，2005），pp. 131–50：doi：10.1002/smj.507.

64. Lee, Melissa, Esteve Almirall, and Jonathan Wareham. 'Open Data and Civic Apps: First Generation Failures, Second Generation Improvements', Communications of the ACM, 59.1 (2015), pp. 82–9: doi: 10.1145/2756542.

65. Li, Xianjun. 'Industrial Value Migration, Path Innovation and Competitive Advantage: Empirical Analysis Based on China's Automotive Firms'.

66. Liang, Mei. 'Navigating Open Innovation Under Institutional Influence: Lessons from China's High-Speed Rail Industry', December 2017. World Open Innovation Conference, student paper.

67. Lifshitz-Assaf, Hila. 'Dismantling Knowledge Boundaries at NASA: The Critical Role of Professional Identity in Open Innovation', Administrative Science Quarterly, 63.4 (2018), pp. 746–82. Lohr, Steve. Go To. BasicBooks, 2001.

68. Ma, Damien. 'Can Chinese Industrial Policy Determine Winners or Just Stir up Froth?' MacroPolo, October 9, 2018.

69. Marquis, Andre and Manav Subodh, 'Hypershift: How Established Companies Can Workwith Makers, Inventors and Entrepreneurs to Leverage Innovation, Enter New Markets, Establish Brand Leadership and Unlock Value, Hy pershift Advisory Press, 2014.

70. Martina, Michael, and Philip Wen. 'China Enshrines "Xi Jinping Thought", Key Xi Ally to Step Down', Reuters, Thomson Reuters, October 25, 2017.

71. McGrath, Rita. 'Transient Advantage', Harvard Business Review,

91.6（2013），pp. 62–70.

72. McGrath，Rita. 'The End of Competitive Advantage'，Harvard Business Review Press，2013.

73. Merton，Robert K.，and Norman W. Storer. The Sociology of Science：Theoretical and Empirical Investigations. University of Chicago Press，1973.

74. Moyo，Dambisa. Dead Aid：Why Aid Is Not Working and How There Is a Better Way for Africa. Farrar，Straus and Giroux，2009.

75. 'National Venture Capital Association'，NVCA.

76. Nelson，Richard R. The rate and direction of inventive activity：Economic and social factors. Princeton University Press，2015.（originally published in 1962）.

77. 'News Release'，'P&G Sets Two New Goals for Open Innovation Partnerships'，|P&G News|Events，Multimedia，Public Relations，October 28，2010.

78. Nonaka，Ikujiro and Hirotaka Takeuchi，The Knowledge-Creating Company：How Japanese Companies Create the Dy namics of Innovation，Oxford University Press，1995.

79. Oecdecoscope. 'The Best vs. the Rest：The Global Productivity Slowdown Hides an Increasing Performance Gap across Firms'，OECD ECOSCOPE，January 25，2017.

80. Open Innovation'，Wikipedia，Wikimedia Foundation.

81. 'Open Innovation Platform'，Taiwan Semiconductor Manufacturing Company Limited.

82. 'Open Science Grid', Open Science Grid.

83. O'Reilly, Tim. 'Do More! What Amazon Teaches Us About AI and the "Jobless Future"', From the WTF?

84. Economy to the Next Economy, June 8, 2017.

85. Osterwalder, Alexander, and Yves Pigneur. Business Model Generation: a Handbook for Visionaries, Game Changers, and Challengers. John Wiley & Sons, 2010.

86. Park, Haemin Dennis, and H. Kevin Steensma. 'When Does Corporate Venture Capital Add Value for New Ventures?' Strategic Management Journal, 33.1 (2011), pp. 1–22: doi: 10.1002/smj.937.

87. Parker, Geoffrey G., Marshall, VanAlsty ne, and Paul Choudary Sangeet. Platform Revolution: How Networked Markets Are Transforming the Economy—and How to Make Them Work for You. W. W. Norton & Company, 2016.

88. Piller, Frank T. 'Open Innovation with Customers: Crowdsourcing and Co-Creation at Threadless', SSRN Electronic Journal, 2010: doi: 10.2139/ssrn.1688018.

89. 'PitchBook: Venture Monitor', National Venture Capital Association.

90. 'Plenty of Room for Creativity', Bosch Global.

91. Porter, M. E. Competitive Strategy: Techniques for Analyzing Industries and Competitors. New York: Free Press, 1980.

92. Porter, M. E. The Competitive Advantage: Creating and Sustaining Superior Performance. New York: Free Press, 1985.

93. Prahalad, Coimbatore K. The Fortune at the Bottom of the Pyramid:

Eradicating Poverty Through Profits. Wharton School Publ., 2006.

94. ' "Reverse Innovation" : GE Makes India a Lab for Global Markets', Knowledge@Wharton, May 20, 2010.

95. Ries, Eric. The Lean Startup: How Today's Entrepreneurs Use Continuous Innovation to Create Radically Successful Business. Crown Business, 2011.

96. Schuman, Michael. 'China's Car Sector Needs a Shakeup', Bloomberg.com, August 29, 2017.

97. 'SCOAP3: The Sponsoring Consortium for Open Access Publishing in Particle Physics', SCOAP3 RSS.

98. 'Soil Quality Resource Concerns: Salinization', United States Department of Agriculture Natural Resources Conservation Service.

99. Tamoschus, David, et al. 'Developing a Framework to Manage a Pharmaceutical Innovation Sy stem', December 2015. Best emerging Scholar Paper Award, World Open Innovation Conference, student paper.

100. Teece, David J. 'Profiting from technological innovation: Implications for integration, collaboration, licensing and public policy ', Research Policy, 15.6 (1986) , pp. 285–305.

101. Teece, David J. 'Explicating dy namic capabilities: the nature and microfoundations of (sustainable) enterprise performance', Strategic Management Journal, 28.13 (2007) , pp. 1319–50.

102. Teece, David J., Gary Pisano, and Amy Shuen. 'Dynamic capabilities and strategic management', Strategic Management Journal, 18.7

（1997），pp. 509–33.

103. Ting-Fang, Cheng. 'China's Upstart Chip Companies Aim to Topple Samsung, Intel and TSMC', Nikkei Asian Review, April 25, 2018.

104. United States, Office of Scientific Research and Development, 'Science: The Endless Frontier', United States Government Printing Office, Washington, by Vannevar Bush, July 1945.

105. Van de Vrande, J., P. J. De Jong, W. Vanhaverbeke, and M. De Rochemont, 'Open innovation in SMEs: Trends, motives and management challenges', Technovation 29.6–7（2009）, pp. 423–37.

106. Von Hippel, Eric. 'Lead users: a source of novel product concepts', Management Science, 32.7（1986）, pp. 791– 805.

107. Von Hippel, Eric. Democratizing Innovation. MIT Press, 2005.

108. Von Hippel, Eric. 'Open user innovation', Handbook of the Economics of Innovation. Vol. 1. North-Holland, 2010, pp. 411–27.

109. Von Hippel, Eric. Free Innovation. MIT Press, 2016.

110. Weiblen, Tobias, and Henry W. Chesbrough. 'Engaging with Startups to Enhance Corporate Innovation', California Management Review, 57.2（2015）, pp. 66–90: doi: 10.1525/cmr.2015.57.2.66.

111. 'Welcome to the European Institute of Innovation and Technology', European Institute of Innovation & Technology（EIT）.

112. West, Joel, and Marcel Bogers. 'Leveraging external sources of innovation: a review of research on open innovation', Journal of Product Innovation Management, 31.4（2014）, pp. 814–31.

113. West, Joel, and Scott Gallagher. 'Challenges of open innovation:

the paradox of firm investment in open-source software', R&D Management, 36.3 ﹙2006﹚, pp. 319–31.

114. West, Joel, and Karim R. Lakhani. 'Getting clear about communities in open innovation', Industry and Innovation, 15.2 ﹙2008﹚, pp. 223–31.

115. Whitehead, Alfred N. Science and the Modern World. Macmillan, 1925.

116. Wladawsky -Berger, Irving. 'The Current State of AI Adoption', The Wall Street Journal, Dow Jones & Company, February 8, 2019.

117. Wrigley, Cara, and Karla Straker. 'Designing Innovative Business Models with a Framework That Promotes Experimentation', Strategy & Leadership, 44.1 ﹙2016﹚, pp. 11–19: doi: 10.1108/sl-06-2015-0048.

118. Xu, Ke, and Xianjun Li. 'Technological Innovation from Imitation in Latecomer Firms: Evidence from China's Auto Firms', Innovation and Development, 4.1 ﹙2014﹚, pp. 161–73: doi: 10.1080/2157930x.2014.886815.

119. Yip, George S., and Bruce McKern. China's next Strategic Advantage: from Imitation to Innovation. The MIT Press, 2016.

120. Zhong, Raymond, and Paul Mozur. 'Tech Giants Feel the Squeeze as Xi Jinping Tightens His Grip', The New York Times, May 28, 2018.

121. Zobel, Ann-Kristin. 'Benefiting from open innovation: A multidimensional model of absorptive capacity', Journal of Product Innovation Management 34.3 ﹙2017﹚, pp. 269–88.

122. Zobel, A. K., B. Balsmeier, and H. Chesbrough. 'Does patenting help or hinder open innovation? Evidence from new entrants in the solar industry', Industrial and Corporate Change, 25. ﹙2016﹚, pp. 307–31.

反侵权盗版声明

电子工业出版社依法对本作品享有专有出版权。任何未经权利人书面许可，复制、销售或通过信息网络传播本作品的行为；歪曲、篡改、剽窃本作品的行为，均违反《中华人民共和国著作权法》，其行为人应承担相应的民事责任和行政责任，构成犯罪的，将被依法追究刑事责任。

为了维护市场秩序，保护权利人的合法权益，我社将依法查处和打击侵权盗版的单位和个人。欢迎社会各界人士积极举报侵权盗版行为，本社将奖励举报有功人员，并保证举报人的信息不被泄露。

举报电话：（010）88254396；（010）88258888

传　　真：（010）88254397

E-mail：　dbqq@phei.com.cn

通信地址：北京市万寿路 173 信箱

　　　　　电子工业出版社总编办公室

邮　　编：100036